元ドイツ情報局員が明かす

不愉快な相手を手なずける技術

レオ・マルティン［著］
シドラ房子［訳］

CCCメディアハウス

ICH STOPP DICH! by Leo Martin
In cooperation with Shirley Seul

Published by arrangement through Meike Marx Literary Agency, Japan

Contents

元ドイツ情報局員が明かす
不愉快な相手を手なずける技術
目次

プロローグ――感情爆発テロリストを無力化する――9

コード・レッド――V人材、逃亡中――13

非常プラン――18
避　難――26

感情爆発テロリストに、なぜ不意を襲われるのか――29

「神経キラー」と「神経にさわるやつ」――故意に、あるいは思いがけなく――30
感情爆発テロリストのカムフラージュ――36
感情爆発テロリストになるもっともな理由――38
『情報員マニュアル』より――観点を変える――39

V人材が、疑われている――42

死体の身元――47
沈黙は、感情爆発テロリストの武器――55
情報局本部にて――56
激怒した部長――63

癇癪持ち――攻撃的な感情爆発テロリスト――69
癇癪持ちの思うつぼにはまるのは、どんなとき？――71
癇癪持ちを阻止するには――73
サポート――出口戦略――79
『情報員マニュアル』より――ポジティブな意図――80

代替プラン――82
書類に目を通す見込みなし――85

高慢ちき――尊大な感情爆発テロリスト――92
高慢ちきの思うつぼにはまるのは、どんなとき？――95
高慢ちきタイプを阻止するには――97
サポート――出口戦略――100
『情報員マニュアル』より――転移――102

証人の女性――104
経済犯罪のメリーゴーランド――118
出会い――119
V人材の復讐――122

家宅捜索――132

不平家――けちばかりつける感情爆発テロリスト――135

不平家の思うつぼにはまるのは、どんなとき？――137
不平家を阻止するには――139
サポート――出口戦略――145
『情報員マニュアル』より――再教育――146

証人保護プログラム――148

架空経歴――150
偽名――154
育成段階では最高の規律が必要――157
カムフラージュ用書類――159

苦悩屋――万年ストレス状態の感情爆発テロリスト――164

苦悩屋の思うつぼにはまるのは、どんなとき？――167
苦悩屋を阻止するには――168
サポート――出口戦略――171

脅威的状況——172

もう一人のV人材——175
信頼と裏切りからなる繊細なシステム——181
盗聴記録——187
待ち伏せ——196

陰謀家——険悪な感情爆発テロリスト——200

陰謀家の思うつぼにはまるのは、どんなとき？——202
陰謀家を阻止するには——203
サポート——出口戦略——205
『情報員マニュアル』より——〝聴く〟という攻撃法——206

不法侵入——209

信頼はよい、しかし統制はさらによい——214

知ったかぶり屋——利口ぶる感情爆発テロリスト——218

知ったかぶり屋の思うつぼにはまるのは、どんなとき？——220
知ったかぶり屋を阻止するには——221
サポート——出口戦略——224

『情報員マニュアル』より――傷口――224

遅れてやってきた危険――226
やんわりとした批判――230

おしゃべり屋――速射型の感情爆発テロリスト――247
おしゃべり屋の思うつぼにはまるのは、どんなとき？――249
おしゃべり屋を阻止するには――250
サポート――出口戦略――253
『情報員マニュアル』より――相手の価値を尊重する――253

クリーンな解決――255
率直に話す――261

あなたの抵抗力を強化するための〈００７計画〉――267

コード化された情報員のエピローグ
――部長はＢ３号俸へ――273

プロローグ——感情爆発テロリストを無力化する

あいつ、絞め殺してやりたい。
あいつのことを考えただけで、できものが出来る。
そのおかげで、マナーを気にしていられないことすらある。

こんなふうに思ったり、こんな気持ちになったことはないだろうか？　感情爆発テロリストは、相手の理性ではなく感情の真ん中を狙う。うまく命中すれば、相手は動揺する。ときにはつまずいて転び、二度と起き上がれなくなる。感情爆発テロリストは有害なのだ。そのため、本書でそうした人たちを観察したい。

ドイツ連邦情報局に勤めていたとき、僕は何度もテロリストや重犯罪者とかかわりを持った。僕の任務は、犯罪組織の世界からV人材、つまり情報提供者をスカウトすることだった。こうした人たちのせいで、場合によっては感情を抑えきれなくなることもある。しかも、その原因が同僚や上司といった、チーム内の人間であることも稀ではない。本来なら僕の味方であるべき人たちなのに。

人と人が出会う場所では、摩擦が生じる。犯罪組織に限らず、職場や家庭、友人どうしでもそうだ。僕が正しいことが、なぜ相手にわからないんだろう、と理解に苦しむ。

いや、物わかりが悪いのは自分のほう、ということだってあるかもしれない。だとすると、残念ながら、真実を知らなければならない。とはいえ、態度行為によって人々を恐怖に陥れるタイプの人間はいるものだ。彼らの行為の多くは、見たところは取るに足りないものだが、やりかたが巧妙なために恐るべき破壊力を持つ。そうした人たちを処分するのが、この本のミッションだ。処分する、といっても、スパイがらみの映画でよくあるやりかたではない。それは流血なしでも可能だし、相手の身体に触れる必要すらない。というのも、情動の切替スイッチは往々にして僕らの側にあるからだ。誰が、または何があなたを怒らせるか、誰が、または何が冷静さを失わせるか、といったことを決定する力はあなたにある。そうしたことが起きないようにすることもできる。その力を、意識的に行使し、目的に合わせて利用する方法を、僕はここで示したい。

状況をコントロールする力を常に維持することは、情報員にとって死活問題だ。だが、それはあなたにも当てはまる。なぜなら、感情爆発テロリストのせいで生活の質が低下するからだ。

彼らとの摩擦のせいで気分を害するくらいではすまなくなり、冷戦状態ともなりかねない。感情爆発テロリストの活動の場が職場であれば、あなたはそれを家に持ち帰り、アフターファイブにもそのことばかり考えるようになる。そうなると、心地よい人生ではなくなってしまう。私生活は乱され、勤務中も気持ちを集中させるのが困難になる。その状態が長く続けば、ミスを犯すことにもなりかねない。自分の人生をコントロールすることができなくなる。かつては大好きだったことをしていても、楽しめなくなる。ダメージは生活全体におよぶのだ。本書では、こうした感情爆発テロリストを「精神かく乱者」と呼ぶ。

感情爆発テロリストの行為を止める武器はない、と思ったら間違いだ。そのような武器はある。本書を読んだら、あなたはすぐにも弾倉に薬莢を挿入するだろう。その目的は「神経キラー（神経を引き裂くやつ）」ともいえる感情爆発テロリストをやっつけて、自分の価値や快適な暮らしを取り戻すためだ。なぜなら、感情爆発テロリストは、自分でもぞっとする感情をあなたのなかに呼び覚ますからだ。それは知らなかった自分であり、好きになれない。自分が突然、自分ではないような気がして、感情爆発テロリストなどペストやコレラに襲われればいいと願うようになる。そして、自分はなんて汚らわしい人間なのか、と感じるかもしれない。そう、なんの防御もなく彼らの攻撃にさらされると、こうした事態を招く。けれども、ミッションに取りかかる情報員は、常にしっかりとガードを固めている。最初の攻撃は大目に見ることもあるが、二度目のときは銃は装塡される。

感情爆発テロリストを挫折させるためには、どう武装すればいいか、どのような防護措置をとるべきかということを、これから示したい。その一つに、予防がある。どうすれば彼らを見分けられるか？　そいつは、どんな罠をしかけてくるか？　どんな心理的トリックを使うか？　彼らに苦しめられたとき、どのように行動するのが最も賢明か？　どのようにそこから自分を解放したらいいのか？　本書を読めば、こうしたことがすべてわかるだろう。七つの異なるタイプの感情爆発テロリストが、ここに登場する。最もよくいるタイプを僕が選び、詳細に描写した。これを読んで、あなたの早期警報システムが今後きちんと作動するようにしてほしい。僕がサポートして、すべてのタイプに対する出口戦略を紹介しよう。さらに、情報員ハンドブックから、あらゆる種類の感情爆発テロリストに使える重要な行動ルールの数々を知ることができる。本書の終わりまで来たら、感情爆発テロリストに対するディフェンスのための〈007〉プランをあなたは受け取る。これから僕とともに、組織犯罪の世界における秘密ミッションを果たしに行こう。僕の前著『元ドイツ情報局員が明かす　心に入り込む技術』および『元ドイツ情報局員が明かす　心を見透かす技術』（いずれも小社刊）でもそうしたように。心の準備はできているだろうか？

では、僕に続いてセキュリティゲートを通過してほしい。行先は、ドイツのハンブルクにあるホテルの一室。そこで、すべてが始まる……。

コード・レッド——V人材、逃亡中

午前三時五十四分。僕がまず見たのは、携帯電話ディスプレイの時刻表示だった。ナイトテーブルには、防諜措置を施した携帯電話が三個、置かれている。青い光を放っているのは、真ん中の電話だ。呼出音が、夢の破片のように室内に浮遊する。そこは、レーパーバーンの外れにあるホテルの一室。送信者の名前を読む。僕を起こしたのは、ティホフという仮名を持つV人材。彼は、これまで僕が扱ったなかで最も優秀なV人材だ。だが、彼には奔放なところがあり、たびたび神経を逆撫でされた。派手な女性関係、ウォッカ好き、ポーカー遊び。彼がこの時間に電話をかけてくるのは珍しいことではない。彼はどちらかというと夜行型だし、ウォッカが一定量を超えると話し相手がほしくなり、口数が多くなる。そのため、この時間に衝動的に電話をかけてきて、ナイトクラブに来いよ、と誘われたことが何度もある。僕が電話に出ることを知っているのだ。V人材からの連絡を常時受けられる状態でいるのが僕の仕事。

携帯電話を三つ所持しているのも、そのためだ。そしていま、僕らはすごく大きなプロジェクトを進めている。情報局は、ティホフをその渦中に送り込んだのだ。

「やあ、何だい？」僕は電話を受けた。

返事はない。

「おい、どうした？」もう一度、呼びかけてみる。ようやく目が覚めてきた。

荒い息遣いが聞こえてくる。僕は咄嗟にベッドで上半身を起こした。

「おい、何か言えよ」

僕は返事を求めたが、電話をかけてきたのが本当にティホフかどうか、わからない。不吉なしるしだ。どうやら電話の主は走っているらしい。急ぎ足の足音、せわしい呼吸。僕は胸騒ぎをおぼえた。次に聞こえたのは、鼻にかかった感じの咳。それは、たしかにティホフのものだった。

「どうした、どこにいる？」

答えはない。

「僕に何ができる？」携帯電話に向かって質問する僕の頭に、恐怖のシナリオが次々と浮かんだ。

そのとき、とぎれとぎれの言葉が聞こえてきた。

「やつら……俺、あいつを殺す……くそったれめ……」

ロシア語が数語、それに続く。悪態だ。ストレスのもとにあるとき、母語になってしまうことはよくある。

「どこにいる?」と、僕がもう一度訊いたところで、電話は切れた。すぐにこちらからかけ直したが、応えはない。コード・レッド! V人材との電話が途中で途絶えるというのは、最悪のケースだ。しかも、携帯電話でつながっていたときなので、なおさらだ。情報局の任務でティホフがいま動いているのは、西ヨーロッパで活動するロシアマフィアのボスの身辺なのだ。

大急ぎで服を着るあいだに、僕は次の行動の順序を決めた。まず、作戦センターに連絡を取り、ティホフの携帯電話を追跡してもらう。それから、とりあえず車で彼のアパートの方角に向かい、上司にこの一件を報告する。

二分三十秒が経過したとき、僕の乗るBMW3シリーズは地下駐車場出口を高スピードで通過した。通常なら情報員はできるだけ目立たないように行動することになっている。だが、いまは急を要する。それに、僕が何の任務でハンブルクに滞在しているのか、知る人はいない。シュタルク氏はふつうのホテル客。ただし、いまは急用がある。BMWの走行距離計には、三千に満たない数字が表示されている。これはレンタカーで、レザーシート、アロイホイールのスポーツカーだ。シクストというレンタカー会社には、〝アンリミテッド〟という、情報局員におあつらえむきの定額制契約がある。といっても、情報局員用に設けたわけではあるまい。月額を込み込みで支払えば、場所や時間を問わず、毎日借りることができる契約。車を毎日交換することが可能なので、僕には好都合だった。

僕は猛スピードで車を走らせ、ハンブルク警察署第十五課の前を通過して魚市場に出た。ライトアップされたクレーンが霧のかかった夜空を背景に骨組みのようにそびえている。小糠雨のために道路はスリップしやすいかもしれない。それでもアクセルを踏む。パトカーに追われるようなことがまたあれば、〝四六-二証明書〟を提示すればいい。これを所持する者は、非常事態では道路交通規則を守る義務から免れる。いま僕が置かれているのは、非常事態なのだ。ティホフの身が心配でたまらない。彼は、僕が担当するなかで最優秀のV人材であるばかりか、情報局が現在擁しているV人材のベストテンに入る。過去二年間に、組織犯罪を相手とする戦闘で僕らはいくつかの勝利を収めたが、それはティホフの働きのおかげだった。彼はものすごく聡明で、ふりをして会話に加わるのがうまい。犯罪組織のなかでは、そのれっきとした一員であることに誰もが納得してしまう。元々ロシアマフィアのメンバーである彼には、この世界の本物の雰囲気が備わっているのだ。それでも、僕らに対する彼の態度は驚くほど誠実だ。彼が正直に報告しているかどうか、徹底的な調査がおこなわれた。ティホフの場合、嘘ではないかとしじゅう疑ってかかる必要はない。これは、V人材ではむしろ例外といえる。これまで彼に与えた任務は、すべて成功に終わっている。彼が提供する重要な情報のなかには、数時間前に更新されたものもある。彼は覆面で行動し、誰からも疑われていないと現時点では考えられる。だが、ひとたび疑いを抱かれたら、命が危ない。

マフィアの世界に〝第二のチャンス〟などという言葉はない。些細なことでも消される世界なのだ。ここでは、血は水ほどに薄い。イタリアマフィアは家族同盟を基礎とする構造を持つが、ロシアマフィアはそうではない。純粋に目的追求のための社会で、結びつきは緩い。必要に応じてすばやく形成されては、また解散する。ここでは、オファーするものを持つ人が商売をする。どのような違法行為がおこなわれるかということは、市場によって決まるのだ。権力とカネだけがものを言う社会。影響力を強化するために、ロシアマフィアは経済界、政界、行政機関とのコネを求める。行動範囲は広域にわたり、やりかたは戦略的で厚顔無恥、冷酷で暴力的だ。きわめてうまく統括された組織で、伝統的な栄誉基準の厳格なルールに従う。それは、黙秘と忠誠。この基準を破れば、過酷に処罰される。つまり、ティホフの身を案じる理由は揃っているのだ。

僕は作戦センターに連絡を取る。職務ナンバーをもう一度告げ、人物チェックのための質問に答えてから、ティホフの携帯電話の現在位置はどこかと訊く。同僚がたったいま非常プランを起動したところだ。

　ティホフの携帯電話の場所を突き止めたというのはグッドニュースだが、電話の位置が一カ所に静止したままというのは、よい知らせではない。可能性の一つは、ティホフが動いていない、動くのをやめた、ということだ。身を守る場所を見つけたので、自由意志で一カ所に留まっているのかもしれないし、動くのが不可能になったからかもしれない。これをまず解明しなければならない。携帯電話を捨てた、もしくは失った可能性もある。あるいは、取り上げられたか。ティホフとの契約は今日で終わるかもしれない、とまでは、この時点では考えない。契約といっても、一般的なものとは違うが、それでもV人材の義務表明に彼は署名している。そこにいたるまでの経過と、僕がどのように彼の信頼を獲得したかについては、第一作『元ドイツ情報局員が明かす 心に入り込む技術』に記述してある。

非常プラン

　電話で起こされた部長は、すでに情報局本部に詰めていた。なにしろティホフは情報局のトップテンに入るV人材なので、この件は優先順位Aに入れられた。作戦の指揮をとるのは僕の直属の上司。ヒエラルキーでは部長の一つ下に位置する。情報局長クラスには、朝になって状況が解明されてから報告する。作戦センターが支援のために動員した同僚六人全員が、ティホフの携帯電話が探知された地点に向かう。それは彼のアパートから約千五百メートルの位置で、さっきから動きはない。まずは車で近くまで行く。それからチームのメンバー全員が到着して、危険がないと確信するまで待て、という指示を受けていた。また、「ペーター・Sが君とほぼ同時に現場に到着する」という無線連絡が、作戦センターから届いた。

いやなことになった、と僕は心のなかで思った。

BMWをゆっくりと走らせ、ティホフの住む地区に入る。快適な暮らしの味を知る彼は、昨年かなりの贅沢をしたらしい。ポーカーで大金を手に入れたそうだが、詳細を知りたいとは思わない。ティホフが違法行為に手を染めるのを、手放しで喜ぶことはできない。けれども、真っ白なベストを着たV人材では情報にありつけない。情報局が興味を持つサークルに出入りできるのは、黒いしみで汚れたベストを着たV人材だけなのだ。ティホフも僕ら全情報員と同じく、人目につくことはぜったいにしないこと、という指令を受けている。V人材を守るために、彼が情報局と協働していることは、どんなことがあっても極秘にしなければならない。例外はない。警察や省庁そのほかの保安・行政機関であっても、情報を漏らすわけにはいかない。そうした場所には情報が漏れる隙間はなさそうに思われる。だが、人間が働いている限り、悪意または意図がなくても偶然に漏れてしまうことがある。情報源であるV人材の保護は、僕らのバイブルであり、最優先事項なのだ。この理由から、V人材の身元を知る人間は、情報局内でもほんの数人しかいない。ティホフの本名や過去を知っているのは、僕と直属の上司のほか、同僚二人だけ。V人材の個人データが極秘中の極秘であることは、どこの情報局でも同じだ。

彼がアルスター川沿岸の高級住宅地に引っ越したのは、数カ月前。一戸建てまたは二戸建ての家々、手入れの行き届いた賃貸集合住宅と前庭。道端にはミドルクラス以上の大型乗用車が駐車している。一匹のネコがヘッドライトのなかを通って垣根の向こうに消えた。同僚からの無線連絡が次々と入ってくる。作戦センターからの通報にたがわず、最初はペーター・Sだ。予想通り、すでにすべての情報を得ている。

「君のV人材、ばれたそうだな。僕が最初から言ったとおりじゃないか。君が信じなかっただけで。こうなったからには、彼が無事に切り抜けるよう祈ることだな。何かあったら、君にとって大問題だぞ」

非難したところでどうにもならないというのに。ペーター・Sとのかかわりは、これまでは本筋から外れた周縁に限られており、それで好都合だった。僕は一度、かなり緊迫した案件を彼に引き渡したことがある。というのも、彼と仕事で密にかかわるのを避けるためだった。彼の成功率を気にしたためではない。彼はすぐれた情報員だが、仕事に対する彼の見解は僕のそれと違うからだ。僕はどちらかというとV人材の勘を重視し、計算されたリスクを好むのに対し、ペーターは情勢が完璧に思われるまで待つ。どちらのやりかたでも目標は達成可能だし、どちらもリスクを含む。この職種にリスクはつきものなのだ。だが、彼のように同僚たちの案件に口を差し挟むことは、僕はしない。取り組むのは、自分の案件と自分のV人材だけ。ところが、ペーターはしょっちゅうV人材リーダーとしての僕のやりかたに介入してくる。それが彼の流儀なのか、それとも僕に対して何らかの個人的な問題を持っているのか、と自問することも、僕はいつしかやめた。だが、神経がまいるのだ。次のコメントのようなことを言われると、ことさらに。

「君のような仕事のしかたが通用するのは、仲間がすぐに駆けつけて尻ぬぐいしてくれると知っているからじゃないか」

ばかやろう！　と心のなかで言う。実際に言ってやりたかったが、火に油を注ぎたくはない。それに、いまは優先すべきことがあるのだ。

位置測定は誤差約十五メートルという正確さだ。そこは多世帯住宅で、入口前の照明は薄暗い。十ないし十二世帯と思われる。どの窓も真っ暗だが、最上階に一つだけ、灯りのついた窓がある。僕は一つ先の脇道に駐車し、車を降りた。ドアチャイムの表札を撮影し、「灯りのある住居、上階右」と書き添えて作戦センターに送る。こうして人物調査が開始される。

この近くのどこかに、ティホフが潜んでいるはずだ。もう一度電話をかける。耳のそばで鳴る呼出音に混じって、DJ・エッツィ（オーストリアのタレント）の歌う〝君の名を持つ星〟が、近くから聞こえてきた。ティホフの携帯電話の着信メロディーだ！　縁石のそば、車のタイヤの横に明るい光を放つものが見つかった。身を前にかがめると、まぶしいほど青い目が二つ、こちらを見ている。ディスプレイに映し出された、ティホフの息子ミロの顔。会ったことはないけれど、ティホフの僕に対する全面的な信頼に、ミロは大きく貢献しているのだ。彼は、嚢胞性線維症という重い肺の病気を持っている。ティホフをV人材にスカウトしているとき、この病気の権威であるスイスの医師の診察をミロが受けられるよう、僕が手配した。

ティホフの携帯電話をジャケットのポケットに入れ、無線で位置を報告する。すでに全車輌が現場に到着していた。作戦リーダーから、「車二台はAに留まること」という指示が入った。これは情報局用語で、「対象物が見える場所で出動態勢で待機すること」を意味する。あとの四台は、半径千五百メートルの位置を巡回する。これは、携帯電話の位置を測定してからの時間にティホフが足で移動できる最長距離だ。同僚がそれぞれの位置を報告し、僕はティホフの人相を彼らに伝えた。同僚たちは、職務ナンバーと「了解」で返答した。

「われわれが探しているのは三十代前半の男性、スポーツマンタイプ、短く刈ったブロンドの髪。なるほど、ハンブルクには滅多にいないタイプだな」

と、ペーター・S。声を聞くだけでむかつく。

さらに十五分が経過した。同僚たちが無線で連絡し合う声が耳に入ってくる。最上階右側の窓の灯りも、いつしか消えた。とくに変わった情報はなかった。住民登録データからも、決め手となるものは得られなかった。早朝出勤者の姿がちらほらと見え、ときおり自動車が通過していく。そのとき、ヴォルフから無線連絡が入った。

「めぼしいものが見つかった。木製の小屋のある児童公園だ。小屋のなかに、男が一人横たわっている」

「サーモグラフィー・ヴォルフだな」

ヴォルフのパートナーの声だ。技術マニアのヴォルフが、購入したてのサーモグラフィーカメラを持参しているんだろうと踏んだのだ。

「ワインのボトルがそばに転がっていたら、ホームレスだな」

ペーターの声が無線機から響く。

「ホームレスが眠っているにしちゃ、呼吸が速いな」

と、ヴォルフ。

「カバーしてくれ。すぐそちらに向かう」

僕が指示を与えると、

「みんなが到着するまで、頼むから待ってくれ」

と、ペーターが険しい調子で言った。「頼むから」をことさら強調して。

僕の鼓動が速まる。ゼロだ！　心のなかで言い、車を降りた。

〝カバーする〟というのは、その場に留まって僕を防護し、姿は見せるな、という意味だ。ティホフの場合、武器を持って家を出た可能性がある。銃器携帯許可証も所持許可証も持っていないにもかかわらず。彼の世界の連中は許可手続きなど気にしない。同僚を危険に晒さないために、僕は一人で行くつもりだった。人は非常時には誤りを犯しやすい。アドレナリン値が高くなると、引き金に当てた指がとっさに動く。

そのあと初めて問いかけるが、そのときはもはや相手から答えは返ってこない。

鉄製のジャングルジムで身を隠しながら、砂場とすべり台のあいだにある小屋に近づく。僕であることを知らせるために、「僕だ、レオ」と言い、反応を待つ。が、何も返ってこない。小屋のなかで荒く呼吸している生き物がティホフかどうかは、誰にもわからない。

小屋の入口に影が映っている。と、何かが動いた。それから、聞きおぼえのある咳。咳がこれほど心地よく聞こえたのは初めてだ。音楽にも思われた。生きているのだ！

「入ってこい」ささやき声でティホフが言った。

「出てこいよ。君の携帯電話を見つけた」

反応はない。

僕が小屋に近寄っても、ティホフは動かない。怪我をしているのだろうか。僕は暗がりに手を伸ばし、ティホフの腕をつかむ。僕の手に引っ張られて、彼はしぶしぶと出口から外に出てきた。街灯に照らされた彼の顔は、血にまみれている。どの程度の怪我なのか、わからない。

外に出ると、ティホフはうめきながら背中を小屋の壁にもたせた。

「怪我はひどいのか？」

「ちっきしょうめ」

少なくとも会話できる状態らしい。

「ここで何があった？」

ティホフが立ち上がろうとしたので、僕は手を貸した。車まで連れて行き、助手席に乗せ、発車した。ティホフは前方をじっと見つめている。

「医者に行く必要はあるのか？　痛みは？」

「ちっきしょう」ティホフはうめきながら額に手を当てた。

「何があった？」

「一発くらわされたぜ」

「それは見ればわかる。何があった？」

ティホフの答えは、長いロシア語の悪態だった。いまのところ医者の検査を受けたくないのだ、と僕は解釈した。

避難

作戦リーダーに「ティホフを救出した」と伝えて、彼を連れて行くべき場所を教わった。

情報局では、知らせる情報は必要最小限に、が原則だ。大規模な作戦がいくつも進行している場所には、接触用アパートと呼ばれるものが必ずある。それは、カムフラージュした小さな拠点で、非常時には避難場所としても使える。保護された退却地。それなりの装備と技術設備が整い、偽装されている。

こうした部屋は安全措置を講じてあるので、非常事態においては引きこもることができる。その一つがハンブルクにあり、僕も二年前にある案件で使った。それは、市の中心部から四十キロメートルほど離れた、荒廃した工場の敷地内にある。だが、作戦センターから携帯電話に送られてきた住所は、僕の知らないものだった。

「地下駐車場入口だ。君が来ることは知らせてある」という情報を僕は受け取っていた。

車輌六台のうち二台は僕に伴走し、残りはティホフのアパートおよび携帯電話の見つかった場所近辺に留まり、さらに何かが起きるかどうかを観察する任務を受けた。ティホフは無言だった。緊張した様子で隣りのシートに座り、前方をじっと見つめている。出血は止まったものの、顔は蠟のように白い。話を聞き出すことはできまい。彼の身体が小刻みに震えている。

やがて、ポケットに手をやり、タバコをまさぐり始めた。そわそわとしてぎこちない動きだが、それでもよいしるしだった。二、三回吸い込むと、落ち着いたらしく震えは止まった。だが、麻痺したように前を見据えたままだ。このような状態にあるティホフを見るのは、僕には初めてだった。

通達されたとおり、駐車場入口に一人の同僚が立っていた。電子制御の門が開く。僕が乗り入れると、門は再び閉じた。のちに知ったのだが、この駐車場の所有者は元情報局員で、避難場所として提供してくれているという。監視カメラが設置され、暖房されたかなり広い空間だった。隅っこにコンピュータが一台と、おなじみの装備品ケースが置かれている。僕は、同僚と話すために車から降りた。ティホフはじっとしたまま動かない。眉毛付近の裂傷以外に傷はないようだが、ショックを受けたらしい。何が起きたのか、知る必要がある。同僚から得た最初の情報によると、ティホフのアパートのある道路は警察関係者の車でいっぱいだという。彼のアパートのリビングルームで、三十代半ばの男性が射殺されたそうだ。受けた銃弾は三発。僕の思考がめまぐるしく回転する。犯人はティホフか？　自分のアパート内で？　まさか、そこまで頭がいかれてはいまい。だが、どうすれば彼をこの事件から引き離せるか？　不可能だ！　僕は最優秀V人材を失ったのか？　彼をどこに連れて行けばいい？　すでにティホフ捜索は開始されたのか？

そのとき、ペーターが現れた。いったい何の用があってここに？　と思っていると、両脚を広げ、腕組みした格好で僕の前に立ちふさがった。

「こいつは大きすぎて君の手には負えまい」

このときペーターの携帯電話が鳴り出したのは、彼にとってさいわいなことだった。上司からだ。ペーターは、邪魔が入らないよう数メートル離れた場所まで行き、声を落として話している。僕はティホフに視線を向けた。助手席に座ったまま、タバコを吸いながら、穴が開くほどに宙をにらんでいる。両手はこぶしに握られている。ペーターが電話に向かって話す言葉が耳に入ってきた。

「レオはここです。立つことはまだできるみたいですが。彼がへまをしないよう、注意しますから」

何ということだ。これは僕の案件であり、僕のV人材だというのに。この瞬間に僕は悟った。問題は一つではない。二つあるのだ、と。

感情爆発テロリストに、なぜ不意を襲われるのか

ティホフの身に起こった大惨事にくらべれば、僕の同僚の態度のことなどは取るに足りない。けれども、緊迫化した事態では、取るに足りないことも瞬時に問題となる。落ち着きをなくし、自制心を失う。そうなると、ミスを犯す危険が出てくる。

こうしたケースでは、自分自身の内部に心理上の落とし穴が潜んでいる。外部からの攻撃は、自分自身の評価によって初めて大きな破壊力を発揮することが多い。相手の特定の行動を高く評価しすぎる傾向が僕らにはある。つまり、相手の奇妙な習性を、自分に向けられたものと解釈してしまう。このときの判断は、きわめて主観的になりやすい。同じ奇癖または同じ行動であっても、相手によって僕らは正反対の反応を示すかもしれない。ある人には平然とし、別のある人には怒りで顔を真っ赤にする、といった具合に。または、過去の自分のいやな体験と結びついているせいで、相手の特定の態度に対して異常に強く反応することもある。意識していなくてもだ。

「ほんのわずかの特徴、またはたった一つの特徴をもとに相手を評価すると、還元主義的人物評価となる。観察者は、相手の特徴のうちのあるものをことさらに強調し、ほかの特徴にはほとんど注意を払わない。そのため、相手の個性の複雑さが、望ましい尺度で認識されない。こうして選択的に知覚されるため、誤りやゆがみが生じることもある」

『情報局心理学第五巻』より

知覚のゆがみは、大きなリスクをもたらす。目標が見えなくなり、冷静さを失うことがあるからだ。感情爆発テロリストの周囲では、まさにこれが起きる。彼らは相手の繊細な部分を突いてくるので、相手はひどく主観的になり、ものごとがありのままに見えなくなる。やりかたがあまりにも完璧なので、「神経キラー」である彼らに狙われていることに相手はしばらく気づかないことすらある。

「神経キラー」と「神経にさわるやつ」——故意に、あるいは思いがけなく

特定の相手を狙った意図的な殺人もあれば、殺すつもりはないのに暴力が高じて相手を死なせてしまう過失致死や、あるいは事故の場合もあるだろう。刑法ではこのように区別されるが、

それと同じく感情爆発テロリストにも二種類ある。「神経キラー（神経を引き裂くやつ）」と「神経にさわるやつ」だ。まずは無害な後者のほうから取り上げてみよう。

神経にさわるやつは、もともとそういう性質なのだ。協議の場では相手の発言をたえずくり返す。何でもかんでも慌てて片づけなくては気がすまなかったり、逆に行動が極端にのろかったりする。威圧的な発言をしたり、逆に曖昧な発言をしたりする。やることなすこと大雑把な人もいれば、些事にこだわりすぎる人もいる。不安でうろたえている人もいれば、軽率な人もいる。ほとんど話をしない人もいれば、やたらとおしゃべりな人もいる。知ったかぶりの人や、何に対しても関心を持たない人もいる。例を挙げればきりがない。

こうした神経にさわるやつは人に害を与えるつもりはないのだが、僕らの観点からは厄介な人たちなのだ。問題は、僕らがそれを往々にして自分個人に向けられたものと受け止めることにある。彼らは自分をいらだたせるためにそんなことをするのだ、と思い込む。つまり、実際はそうではないのに、神経キラーとみなされる。こうして、彼らは実際よりも大きな存在となる。彼らの多くは、自分の世界にとらわれて、心のアンテナを引っ込めてしまっているのだ。あるいは、問題をたくさん抱えているために、相手にどんな印象を与えているか気づかない。ぶっきらぼうに振る舞い、相手を困らせていることに気づかない。このようなタイプの人は、映画によく登場する。映画では変わり者と呼ばれ、その行動はおもしろがられているが、実生活に現れたら少しもおもしろくない。

例を挙げよう。

新しい同僚が職場に配属されてからというもの、モナは仕事がちっとも楽しくなくなった。それどころか、仕事以外の時間にも楽しめないことがたびたびある。アレックスのことで四六時中腹を立てているからだ。アレックスは、毎朝出勤すると、「おはようございます」と不愛想に挨拶したあとは、モナが室内にいないかのように完全に無視する。リュックサックをデスクの下に置き、コンピュータを立ち上げる。無言でメールをチェックすると、黙ってコーヒーを取りに行く。モナに興味を示すどころか、礼儀正しく振る舞うそぶりすらない。昼休みになると、黙っていなくなる。いっしょに食堂に行かないかとモナを誘ったことは一度もない。ほかの同僚に対しても比較的ぶっきらぼうだが、モナにはとくにひどいようだ。彼女は一度、アプローチしようとして、何か具合の悪いことでもあるの、と訊いてみた。返ってきた答えは、「ない。すべて順調だ」

アレックスに話しかける気は次第に失せた。ところがあるとき、アレックスはモナとの通話中に、別れの挨拶もなくいきなり電話を切った。そこでモナは、同僚の無作法な態度について上司に苦情を訴えた。三人で話し合ったところ、アレックスは自分の無作法に少しも気づいていないことが判明した。内気な性質の彼は、率直で社交的なモナとくらべるとよけいに目立った。しかも、アレックスはいま大きな家族問題を抱え、精神的な試練を乗り越えなければならないらしい。二人だけになったときに、上司がモナにそのようにほのめかした。これだけ知ればモナは、二種類の感情爆発テロリストのうちのどちらにアレックスを分類すればいいか、わかるのではないだろうか。モナの生きる喜びを脅かしていたものは、私生活でストレスを抱えた同僚だったのだ。アレックスはせいぜい神経にさわるやつでしかない。

これに対して、神経キラーは、意識的に危害を加える人たちで、これを駆除するのはそう簡単なことではない。彼らは往々にして、磨き抜かれた戦略を使う。なぜなら、目的を達するために暗殺を計画するからだ。神経キラーのせいで、存在の基盤が揺らぐほどに自信を失うことすらある。例を挙げよう。

シンディには、同僚のマイクが我慢できない。同じ課に属するマイクは、上司からひいきにされているように思われる。それは、自己をポジティブに見せるチャンスがあれば、ことごとく利用するせいらしい。彼女自身は自己称賛を控えめにしている。恥ずかしいことだと考えているから。マイクの自己称賛はずるいと感じるのも、そのためだ。仕事の能力では少しも劣らないのに、マイクほどに注意を払ってもらえない。こうなったらマイクをボイコットする以外に方法はあるまい。今後は二度と彼に褒美を横取りさせるものか。そこでシンディは、マイクのミスを見つけるたびに、同僚に言いふらすようになった。ときにはミスをでっち上げることすらある。マイクが正字法に弱いことがわかると、シンディはそれを物笑いの種として広め、彼の適性に疑問を投げかけた。やがて同僚たちは、マイクを見るとにやにやするようになったが、本人にはその理由がわからない。不意にすべてが変化した感じがする。それがすべてシンディのしわざだと気づいたのは、しばらくしてからで、そのころにはいじめはすでにひとりでに進行していた。マイクは転職すべきかどうかと考え始めた。仕事にはとても満足しているが、シンディだけが邪魔なのだ。彼女さえいなければ、すべて順調なのに。満足できる状況を取り戻したい、と彼は願う。そして、この感情爆発テロリストから身を守らなければ、と直観的に感じる。

感情爆発テロリストは、一般的な犯罪者たちと多くの共通性がある。彼らは秩序を乱し、個人や社会の安心感をぐらつかせて混乱をあとに残す。言い換えるなら、通常の状態に戻れないほどの極端な感情状態を相手にもたらす。感情爆発テロリストは、犠牲者の傷口を狙う。しかも、無意識にそうすることもある。誰をどのように傷つければいいか、彼らは直観的に知っているからだ。ディフェンスの可能性は、まさにそこにある。傷口を認識して庇護すればいいわけだ。

攻撃者が意識して傷つけているかどうかということは、結局は問題にならない。大事なのは攻撃に対するディフェンス。それを、あなたは本書で学ぶだろう。けれども経験によると、相手が無意識に攻撃していることを知れば、それがあなたを守る盾となりうる。

僕がターゲットにされているわけではない。
僕のせいではない。
僕とは関係ない。
あいつはそういう人間なのだ。そうやって彼は結局は自分の人生をつらいものにしているのだ。

あなたの相手は、あなたとは違う目で物事を見ている。おそらく感情移入能力が欠けているために、あなたの立場を想像できないのかもしれない。自分の行為がどのような結果をもたらすか、予測できないために考えない。自分のしたことをあなたがどう感じるか、想像できない。他人の気持ちになって考えるのが苦手な、自閉症的傾向のある人が増加しているのだ。

「それなのに、相手がどんなことを言うのかと、僕はたえず思いをめぐらせている。相手は何も言わないだろう。そういう人間なのだ。どのように対処するかは、ひとえに僕しだい。僕への批判を受け入れるか、それとも受け入れないか」

こういう人にとって賢く健全な方法は、批判を回避すること。それはどのみち自分に合わないからだ。きつすぎるブーツを履いたと考えればいい。マメができて、きちんと歩けなくなる。いつも押しつけられている感じがあり、つまずく。その原因は、合わない靴を履いてしまったことにある。しかも、みずからすすんで履いた。これは重要なポイントだ。攻撃者の動機を探ろうとして、批判を受け入れた。彼と一線を画せばよかったのにだ。もしかすると、動機なんて存在しなかったかもしれないのに。

感情爆発テロリストのカムフラージュ

カムフラージュのうまい感情爆発テロリストはけっこういて、攻撃的であることをほとんど気づかせない。たまに気づくことがあるとすれば、その与える心理的ダメージのせいだ。ある人と出会った後、いつもいやな思いをする、ということはないだろうか。活気にあふれたポジティブな気分ではいられなくなる。張りがなくなり、落ち込んで疲れた気持ちになり、シャワーを浴びたくなるかもしれない。その人と出会う前にはできると思えていたことに、自信がなくなる。感情爆発テロリストに出会う前は、リラックスしてすてきな週末を過ごそう、プロジェクトをうまく遂行しよう、もっとよい職を見つけよう、パートナーとのこじれた関係を解決しようと自信をもっていたのに、出会ったのちにあなたの目に映るのは障害物ばかり。気分は損なわれ、目標が達成できるとはもはや思えない。ネガティブな思考が頭を占領し、世の中全体が暗く見え始める。そんなことはないというのに。この瞬間にそんなふうに思うのは、感情爆発テロリストがあなたの目を曇らせたからだ。気分がよくない状態では、あなたの持つ資質のすべてを活用できない。いつもと違う行動を取ったり、ためらいや絶望や不安がはたらいたり、ミスを犯したりする。
そのため、感情爆発テロリストに対しては早くから一線を画すことが重要だ。自分の陣地を守るために。彼らの攻撃によりダメージを受けるかどうかは、あなた自身の素質にかかっている。ディフェンスが大事なのもそのためだ。危険の源の早期発見はディフェンスのためにある。

ほとんどの人は気分良好を好む。気分が悪化すると、その状態を終わらせて再びよい気分に戻ろうと努める。悪化した状態から抜けられないかもしれない、と心配することはない。気分は上昇したり下降したりをくり返すもの。それが僕らの人生だ。光がなければ影もない。人はみな人生の過程において、気分悪化状態から抜け出す最良の戦略を身につける。この態度によって、精神状態は安定化する。このような人たちは、憂うつ度が低い状態にあるとき、人生やパートナーとの関係や仕事に満足している。感情爆発テロリストの攻撃の影響をそれほど受けない。

けれども、気分悪化状態を好むようにはたから見える人たちの場合は、そうではない。気分の悪化に気づくと、まさにバイタリティを感じて、その状態をさらに高めようとする。こうした人たちに良好な気分は向かない。良好な気分だと、文字どおり機嫌が悪くなるのだ。機嫌の悪い状態のとき、具合はよくなる。そして、周囲の人たちを不機嫌病に感染させようとあらゆる手を尽くす。

感情爆発テロリストや「精神かく乱者」は、こうした態度にたくさんのメリットを見ている。

感情爆発テロリストになるもっともな理由

○不幸に見える人は、人から羨まれることがない。たとえ、人がほしがるものを所有していても。つまり、羨望から守ってくれる点ではプラスだ。

○不平ばかりこぼしている人は、保護本能を呼び覚ます。支援を惜しまない人々に対して、かわいそうな人なので深淵から助け出してあげたい、という気持ちにさせる。動機づけの点ではプラスだ。

○特定の状況を判断するとき、不機嫌はマイナスにならない。というのも、ネガティブな気分は合理的判断力を高めるからだ。そういう気分のときのほうが慎重に反応するし、懐疑的になるかもしれない。いずれにせよ、徹底的に考量するので、より賢明な決定を下すこともよくある。判断力にとってはプラスだ。

○慎重に考えて行動する人は、ただ機嫌がいい人たちにくらべ、その外見を通して有能な印象を与える。つまり、堅実という点でプラスだ。少なくともドイツでは、堅実といわれるのは、機嫌のいい人というよりも、慎重でためらいがちな人のことだ。

このように感情爆発テロリストにはメリットがたくさんあると思うかもしれないが、これは全体像ではない。感情面で影の世界に住む人たちが払う代償は高い。このタイプの人たちは自分に低い価値しか置かず、自信がなく、またうつ病のような心の病気にかかりやすい。

『情報員マニュアル』より――観点を変える

情報員は、いかなるときも相手の観点を取り入れることができる。そうすれば、相手のプラス面とマイナス面がわかる。

これは簡単に思われるかもしれないが、実は情報員ばかりか、誰にとっても困難な課題といえる。というのも、世界はいつも本人を中心としてすべてが回っているからだ。そのために、人々を理解するのがすごくむずかしいことはよくある。たとえば、垣根の高さは二・五メートルではなく四メートルであるべきことが隣人にわからないのはなぜか。おかげで自分の庭で居心地よく感じられないというのに。隣人も心地よく感じたいと願っているのだろうか？　それを知るためには、観点を変える必要がある。

スヴェンが仕事で帰宅が遅れるときには電話で連絡してほしい、とサンドラは考えている。それがふつうではないか。スヴェンは現金運搬業界で運転手をしている。勤務中に一人になることが禁じられているため、常に二人組で仕事をする。同僚の前で家に電話して「今日は帰りが三十分遅れる」と告げるのは、幼い少年みたいでスヴェンは気恥ずかしいのだ。だが、そのことをサンドラに打ち明けるつもりはない。つまり、観点を変えれば、二人はたがいに理解できるはず。サンドラの頼みは自分の行動をコントロールするためではないことに、スヴェンは気がつくだろうから。

日常生活では、僕らはたえず観点を変えている。だから、そんなことできない、とは言えないのだ。出勤の途中で店に寄り、購入した商品を交換してくれと頼む。ところが、返品はお断りしますと店員に言われ、客として腹を立てる。二時間後、会社の顧客に払い戻しはいたしませんと説明し、相手の頑固さに激怒する。車で出勤するときには、自転車のせいですみやかに右折できないといらいらするくせに、夕方になって自転車で屋外プールに行くときには、自動車が先行したことで腹を立てる。正しいのは誰か？　誰もが自分の観点から見ている状態で、目的地に到達できるだろうか。おそらく無理だ。みんなが相手の観点を取り入れることができれば、相手の特異な行動を個人的に受け取めることはなくなる。

僕個人としては、発作的な感情に負けないようにするために、次のトリックを使っている。何かで腹が立ったら、一から十まで数えてから行動する。ものすごく腹が立ったら、百まで数える。

優秀な情報員は、複数の観点を巧みに操る。観点によって相手の動機がわかるからだ。おかげで、情報員は感情爆発テロリストのせいで自信をなくすこともない。情報員は、相手の行為ではなく、その背後にある動機に心を集中させる。動機を見抜けば、行為は別の意味を持つ。行動の背景を見透かした人は、行動について異なる判断をするようになる。

そのため、情報員は相手がどのような観点を持っているのかを探る。そして、相手の観点で世界を見る努力をする。通用するのは自分の観点だけではないことを知っているからだ。ほかの人の観点で世界を見ることができれば、橋を架けることが可能になる。もしかすると、橋を解体することに決めるかもしれない。

V人材が、疑われている

「いい加減に話してくれ。何があった？」

僕は少し鋭い語調で訊いた。それは、現場から十五キロメートル離れたホテルにティホフを運び込んだあとだった。駐車場にいるときと走行中にティホフが口にしたのは、脈絡のない単語群だけ。ほとんどがロシア語で――ティホフは知らないことだが――僕は単語をすべて理解した。それでも、何があったのか、見当もつかない。僕は忍耐を失いかけていた。彼のアパートで死んでいた人物とティホフの関係は？ティホフが射殺したのか？　当然のことながら、アパートに死体があったことを僕が知っているという事実は、まだ彼には言わない。こちらからV人材に情報を与えることはない。情報を与えないことでゲームは機能する。情報員が綿密に言葉を選ぶのは、そのためだ。

「諜報活動における会話は、多くの点で日常のコミュニケーションと相違し、特殊な問題を伴う。そのため、会話の進めかたについてのルールを知り、それを適切に顧慮することがとくに重要になる」

『情報局心理学第一巻』より

いわゆる〝非指示的な会話のすくい取り〟では、質問の意図をV人材に知られずにできるだけたくさんの情報を得ることがポイントだ。それにより偽りのない情報が得られる。そのため、質問のなかに本質的な情報が入らないようにしなければならない。例を挙げよう。アパートの死体は誰なのか、と質問すれば、僕がそれについて知っていることをティホフに漏らすことになる。それにより、ティホフがそのことを知っているかどうかを探り出すチャンスが失われる。ティホフが知っている場合、それについて僕に話すかどうかを知るチャンスも失われる。僕は常に彼より一歩先を行き、彼が何を知っているかを推測するとともに、彼が僕に何かを隠そうとしたら、そのことも推測しなければならない。それは、現時点ではまったく不可能だ。死体については、すでに報告書に記載されている。だが、ティホフに提供するつもりはない。そうでないと、この情報は僕から得た、と彼がのちに主張する可能性もあるからだ。また、V人材が正直に報告しているかどうかをテストする諜報活動上の方策も、同じく戦略的に構築されている。僕らは定期的に特定の状況を演出し、V人材をそこに置く。そのうえでいくつかの質問をして、基本的なことを隠していないか、作りごとを言い添えてはいないか、といったことをチェックする。ティホフはこれまで、きわめて正直に報告している。だが、今回もそうだといえるだろうか？

部屋の前面は、床から天井までガラス張りの窓だ。ティホフは、檻のなかのシベリアタイガーさながらに、窓の前を行ったり来たりしている。

「窓から離れるんだ」

僕はティホフに命じた。もう何度目かわからない。ティホフは肘かけ椅子に腰を下ろし、二本めのタバコに火をつけた。

僕はベッドの縁に座った。

「君のアパートは、いま警察の捜索を受けている。何を発見したか、知っているのか？」

「ああ。ちっきしょう」

ティホフの答えからは何も確認できない。彼が口にした社交上不適切な言葉は、死体を暗示してはいない。それはコカイン一キログラム、武器、偽造書類、といったものでもありうる。そのため、僕はさらに質問した。

「ちっきしょう、というのは、何だ？　さあ、あそこで何があったか、話してくれ」

「あいつとは同じ学校に通った。こんな目にあうなんて、ひでえよ。いいやつなのに」

「誰のことだ？」

「イゴール」

「イゴール、それから？」

「イゴール・ソロノフ」

「それで、どんな目にあったんだ？」

ティホフは灰皿でタバコの吸い殻をひねり回す。できるだけきれいに灰を落とすことがすごく重要であるかのように。しばらくして、彼は語り始めた。

「二、三週間前から同じアパートにきれいな若い女が住んでいる。あれは十一時ちょっと前だった。俺が一階の入口を入ると、階段ホールの灯りがついていた。変だなって思った。ドイツ人の住むアパートだ。年寄りが多いから、寝るのが早い。そしたら、新しく越してきた女が姿を現した。箱を抱えて地下室から上ってきたんだ。もう何度も会ったことがある。階段ホールでな」

ティホフは舌を鳴らした。

「続けて」

僕はじりじりとして先を促した。

「名前はソニア。彼女の部屋に行ったんだ。ワインでも一杯って言うから」

ティホフらしい。女性とのエピソードを抜かすことはない。隣りに住む女性のことを思い出して、いくらか緊張が解けたらしい。よどみなく話し始めた。

「すぐに彼女の住まいに行ったのか、それとも一度自宅に戻ったのか？」

「いや、すぐだ。俺が断ったりぐずぐずしたりするとは思わんだろ。そこまで間抜けじゃねぇよ。ぐずぐずは禁物だ。レオ、そのくらいわかってるだろ。それに、イゴールを起こしたくなかった。灯りが消えていたから。イゴールは……」

ティホフはそこで言葉を切った。

「夜、いつも早いんだ」

「イゴールとは、誰だ？」

と、僕は訊いた。ティホフは、死体のことにはまだ触れていない。

「ダチだ。ミンスクの」

「君のところで何をしている？」

「あいつのこと、子供んときから……」

ティホフは、手のひらをテーブルに打ちつけた。灰皿が踊り出し、床に落ちる。

ティホフは弾けたように立ち上がり、窓に両手をばんとついた。

「窓から離れるんだ」

僕が鋭い声で言うと、ティホフは再び肘かけ椅子に座り、両手で顔をおおった。両肩が小刻みに震えている。V人材が泣くのを見るのは初めてだ。強い感情に圧倒されると、たいていはわめき散らし、猛り狂って周囲の物体をさんざん打ちつける。

「V人材リーダーとV人材のあいだに適度な親しみは欠かせないとはいえ、仲間意識に発展させてはいけない。そうなると、V人材の人物および行動、ならびに彼の伝える情報を客観的にとらえることができなくなる。さらに、権威者に対する敬意を受けられなくなるため、V人材リーダーとしての機能に支障をきたしかねない」

『情報局心理学第一巻』より

ティホフが小声で何やらつぶやいている。ロシア語の祈りのように聞こえるが、そうではあるまい。かなり経ってから、彼は僕の顔を見た。その口から鉄砲玉のように発せられたのは、たったのひと言。「死んだ」

死体の身元

ティホフの興奮が少し収まると、次の事実がわかった。彼とイゴールは、小学校一年生のときからのつきあいだった。後になって二人の道は分かれたが、それでも連絡は保っていた。それは、イゴールがモスクワの大学で医学を専攻したときも変わらなかった。彼は、ティホフの息子ミロの洗礼親でもある。いや、「あった」と言わなければなるまい。V人材ティホフの感情が尋常でない理由が、徐々にわかってきた。だが、イゴールを射殺したのは誰なのか、まだ判明していない。ティホフを犯人候補からまもなく完全に除外できることを願うばかりだ。いや、もしかして、隣人の女性をめぐる嫉妬劇があったのか？　ティホフがかっとなりやすい気性であることは、明らかだ。

「隣りの女性の住まいで、それからどうなった？」

僕は、再び話の糸をたぐり寄せた。

「一緒にワインを飲んだ。ソファに座って。ちょうどそこまでこぎつけたところだった」

ティホフはいったん言葉を切った。おそらく、そのことについて話したかったのだろうが、先を続けた。

「そしたら、階段ホールから音が聞こえてきた」

ティホフは憤怒した顔で僕を見た。青い目が血走り、冷たい復讐心が燃えている。

「俺の家のドアだった。なかに入られた。俺は通路に出て様子を見ようと思った。ドアまで行ったときだ。銃声がした。三発だ。やつら、階段を駆け下りた。何人だったか、はっきりしない。一人ではない。二人か、もしかすると三人。女が悲鳴をあげて、いつまでもわめき続けてな。ひどかったぜ。口を手でふさいだんだ。静かにさせようと」

僕は驚愕した。死体はもう一体あったのか？

いや、隣人の女性はどうやらぴんぴんしているらしい。

「噛みやがった」

ティホフはシャツをまくって下膊《かはく》を出した。まるい歯型が赤くついている。

「それから？」

僕が訊くと、彼は重苦しく呼吸して

「俺は待った。二分か三分か、よくわからん。それから行ってみた。真っ暗だった。ドアは破られて、開いたままだった」

と言い、二本めのタバコを口にくわえた。が、火をつけるのを忘れたのだろう。

「あいつが倒れていた。ソファの前の床に。銃弾は三発、命中だ。ボディ、ボディ、ヘッド。プロのやり口だ」

間違いあるまい。ボディ、ボディ、ヘッド——軍隊の特殊部隊の射撃順序。ロシアマフィアのメンバーには、軍隊訓練を受けた人も多い。なかには、ロシア連邦軍参謀本部情報総局を背景に持つ人もいる。この組織は常に慎重を期す。ボディ、ボディ、ヘッド。戦闘または攻撃状況にあって、頭に命中させるのはむずかしい。そのため、最初の二発は身体を狙う。最後に頭を撃つのは、おまけのようなもの。犠牲者はすでに死んでいる場合が多い。

ティホフは目を細めた。

「そのとき、下にまだ誰かがいるのが、音でわかった。俺は女のアパートに戻って、ベランダから雨どいを伝って地面に下りた。やつらが狙ったのは、俺だ」

「やつらって、誰のことだ？　君を狙ったのは、誰だ？」

「誰だと？　決まってるぜ。ウラジミールが俺の首を狙わせたんだ」

「姿を見たのか？」

「おい、ちっきしょう。俺は逃げたんだ。追われていたかどうかも知らん。どこに行くかもわからなかった。それで電話した。そしたら、ケイタイが急になくなった。どっかで倒れてな。気分が悪くなって吐いた。それから小屋んなかに行った。考えるために。そしたらあんたが来た」

「その場に残って警察に電話しなかったのは、なぜだ？」

ティホフは僕の顔を凝視した。とんでもない解決法だと言わんばかりだ。人が射殺されて警察を呼ぶやつなんていいるものか、と。

「君のアパートに死体があれば、疑問が生じる。直後に君があわてて逃げた――しかも、雨どいを伝って脱出したら、さらに疑問が生じるだろう」

ティホフはタバコに火をつけた。僕は窓のところに行って数センチ開き、心を集中させて状況を考えた。彼の報告が真実だとすると、彼の犯行容疑を晴らす証人がいるわけだ。隣人の女性は、すでに一部始終を警察に話したとみて間違いあるまい。ティホフの身分証明は問題ない。彼はドイツ国籍を取得し、あの住所で登録されている。もちろんティホフという偽名は使っていない。彼の前科は非の打ちどころがないとはいえないが、まずまずのものだ。それに、カムフラージュ用の堅気な職業もある。ハンブルク市の門のそばにある倉庫を賃貸しているのだ。彼が情報局の注意を引いたのも、そのためだった。彼の倉庫に麻薬を貯蔵している顧客たちのなかにロシアマフィアがいるからだ。

「レオ」ティホフが小声で言った。

「何だ？」

「あのアパートには、もう行けない。ぜったいに」

僕は何も言わなかった。

「イゴール……あいつは……」

ティホフは乱暴に言うと、またしゃくりあげ始めた。その声は乾燥し初めてなので方法がわからない、というふうに響く。どことなく、彼の咳を思わせた。

「あいつ、俺のせいで死んだ。俺のせいで!」

ティホフは声を張り上げた。

「俺が招待しなかったら、俺が家にいたら、女に会わなかったら……」

「小声で話せ」

ティホフはさらに声を高めた。

「イゴールは俺のために死んだ」

ティホフの身体が、萎えたようにソファに沈む。

「ちょっと電話をかける。すぐに戻る」

と僕は言った。きれいな空気のなかで考えたかったからだ。長い廊下には絨毯が敷かれ、ドアはすべて閉まっていた。ティホフの部屋から五メートルほど離れた場所に立ち、ドアを見守る。状況からみて、ティホフをすぐに警察に行かせるべきだろう。おそらく警察は、すでにティホフの捜索を開始していると考えられる。犯人あるいは証人として。ティホフのアパートは、大犯罪の犯行現場だ。だが、このようなリスクを冒していいものだろうか。狙われたのはティホフの命であることは確実だろう。次に何が起きるか、射殺したのがティホフでなかったことを敵が知っているのかどうか、わからない。

三歩ですばやく部屋に近づき、ドアを開く。ティホフはさっきと同じ格好でソファに座っていた。

「イゴールが君のところに来たのはいつだ？」

「五日前」

「君の活動範囲でそのことを知っている者はいるか？　つまり、彼が君のアパートに泊まっていることを」

僕は訊いた。そして、言うまいと思ったのだが、やはり言い添えた。

「僕はそのことを少しも知らなかったぞ」

「イゴールはダチだった。いいやつだった。犯罪歴なし。マフィアとはいっさい関係してない」

「知っていた可能性のある者は？」

「いない」

「彼と、どこに出かけた？」

「あいつが行きたいっていうところ、みんな行った。イゴールは変なものが好きなんだぜ。芸術とか」

ティホフは息を弾ませる。

「美術館に二回行った。ほかのところも。ムービー・ミーツ・メディア・パーティとか、アルスターやティボリ劇場。ミロが大きくなったら、みんな見せてやるつもりだった。木曜の夜はレーパーバーンに行った。お祝いだ。港のスカイバーにも行った。あいつ、気に入ったみたいだった。レストランもだ。超一流のレストランばかりだぜ。俺は……ああ、ちっきしょう。あいつに見せたかったんだ……」

ティホフは言葉を切った。

「出かけたのはハンブルクだけか？」

「金曜にベルリンに行って、二日過ごすつもりだった。あいつは日曜に家に帰る予定になっていた」

「もう一度、電話しなくては。すぐに戻る」と、僕は言った。

「レオ？」

「何だ？」

「イゴールの結婚式によばれた。三月だ。どうしたらいい？」

「待ってろ」と、僕は答えた。

廊下に出ると、僕は上司に電話をかけ、現状を伝えた。

「彼をどうしますか？　警察には？」と、僕が訊くと、

「いい質問だ」

と上司は言い、電話を切った。

沈黙は、感情爆発テロリストの武器

電話の切りかたは唐突だったが、それでも上司と僕の関係が良好であることは確信していた。彼はプレッシャーのもとにある。すごく薄い情報ベースで決定を下さなければならない。別れの挨拶を忘れても不思議はあるまい。彼の場合、その態度はむしろ例外的だ。彼のことをよく知っているからいいものの、そうでなければ不安を感じたかもしれない。

人は安心感を抱きたい。安全は、人生の基本的ニーズに含まれる。自分はどのような位置にあるか、相手は何に対して責任を負うか、相手をどのくらい信頼できるか、といったことを知りたい。そのために、相手の価値観や決定の基盤についての明白なイメージが必要となる。それが曖昧になると、不安を感じる。相手を判断できないから、安心感が揺らぐ。こうしたケースでは、自分の決定は正しいと判断するための確信も持てない。よりどころとなる評価の基盤がないからだ。

感情爆発テロリストは、この手管をよく意識的に使い、目標を達成する。犠牲者は宙ぶらりんになったように感じる。行為者と犠牲者の依存関係が強ければ強いほど、そこから解放されるのは困難になる。そのため、権力ゲームを早期に見抜くことが重要だ。黙秘は拷問に感じられるかもしれない。それは、人間関係ではよくある。片方はいっしょに住みたいのに、相手はそれを回避する。本当にいっしょに住もうと言うと、相手はそうしたくないと答える。家庭を築いたほうがいいんじゃないと言うと、いや、いいかもしれないけど、もう少し待とうと応じる。そうやっていつまでも返事を待たされれば、拷問は続く。そのため、待つのをやめて事実を作り出すほうがいいこともある。あるいは、曖昧な状態を保とうとする感情爆発テロリストとの関係を絶つという手もある。なぜなら、もっと幸福な時期が来ることを期待して待ち続けたのに、それは無駄だったとわかったときの苦痛は大きいからだ。感情爆発テロリストの戦略は功を奏したことになる。本当に手遅れになるときが、いつかは来るからだ。

情報局本部にて

ベルリンにある情報局本部に車で向かう途中、僕は何度か同僚のザビーネと電話で話した。分析課に属する彼女は、僕のV人材から入手した情報を評価している。彼女とは数年前からチームを組み、数多くのケースを解決した。僕らのユニットには、ほかにも数人の分析員とV人材リーダーがいる。ザビーネの分析的思考力、熱心さ、バランス技能を僕は高く買っている。彼女はハイヒールが大好きだ。けれども、昔のジェームズ・ボンド映画のミス・マネーペニーとの共通点はそれだけではない。ザビーネはすごく魅力的な女性でもあるのだ。もちろんジェームズ・ボンドも映画もフィクションでしかない。僕らの仕事はありのままの事実に基づくとはいえ、私生活で接近することはなかった。私生活におけるいざこざは、職場で感情爆発テロリストを生むことが多い。僕と同じ職業訓練を受けたザビーネには、感情をコントロールする能力がある。それでも、ティホフのアパートの死体について話したときには、彼女の呼吸が止まった。V人材のアパートにおける処刑は、初めてのことだ。

情報局本部にあるザビーネの部屋に着いたのは午前十時五十二分。彼女から最新の情報を聞いた。

「死者はまっさら。観光ビザで入国して、ロシアでも前科なし。モスクワにあるクリニックに医師として勤務し、四年半前からある女性と暮らしている。堅実な環境で、目につくものはないわ。つまり、ティホフを狙った殺害とみてよさそうね」

僕は頷いた。

「僕の最初の印象もそうだった」

「ターゲットのiPadをティホフが持っているって電話で言ってたわね。どこにあるの？」

と、ザビーネが尋ねた。それは、僕らの最大の関心事でもある。というのも、ティホフはウラジミール・LのiPadを入手するという任務を受けていたからだ。そのために、細工した複製を準備した。同一の彫り込み文字、同一のカバー、イヤホンジャックの小さな損傷をコピーし、さらにシリアル番号も偽造した。この交換用のiPadにプログラマーが細工し、初回起動で完全故障してすべてのデータが失われたと表示されるようになっていた。これだけの労力を要したのは、技術監視・データ分析課の最優秀ハッカーをしても、ネットからiPadのデータを読み取ることができなかったからだ。きわめて巧妙に暗号化されていたのだ。データを入手する唯一のチャンスは、オリジナルを数日間、実験室に所有すること。このiPadはまたとない情報の宝庫と考えられるため、ティホフによる秘密の交換を計画した。情報局がウラジミール・LのiPadから情報を入手したことを、本人にぜったいに気づかれてはならない。ティホフは実際に手に入れたのだろう。短期間のうちに。

だが、何かがうまくいかなかった。でなければ、イゴールはおそらく生きていたはずだ。残念ながらティホフからそれ以上の情報は得られなかった。僕はベルリンに急行せよとの指示を受けたので、さらに話を聞き出す時間はない。それは、次回の重要なステップだ。

「持っていた」

僕はザビーネの言葉を訂正した。

「ティホフは持っていた。いまは持っていない」

「どういうこと？」

「それは聞いていない」

ザビーネはいぶかしげに僕を見た。

「え、聞いていないの？　ティホフはふつうあなたに進んで情報を与えるでしょう。何がうまくいかなかったのかしら？」

「それに関して、役立ちそうなことはまだほとんど話していない。最初は持っていると言ったけど、それから否定した。もう持っていないって。結局、iPadがどこにあるか、僕に言うことはできないってさ。僕は手綱を緩めなかったんだけど、彼は口を閉ざしたんだ。そんな態度、実をいうと初めてのことだった。その質問はもうしないでくれ、君に嘘をつきたくはないって言われた」

ザビーネは眉を吊り上げた。

「その語調、ただごとではないわね。V人材リーダーに嘘をつきたくないですって。そんなの、これまで聞いたことがないわ。どちらかというと、iPadのなかの情報を私たちが見たら、彼にとって問題となるって感じかな。たぶん、彼自身にダメージを与える証拠か何かがあって、それをまず消したいのかも。不利なデータの消去か。これまでその機会はなかったわよね」

僕はまだその考えには思い至らなかった。もっとも、ティホフの動機について考える時間もなかったわけだが。

ザビーネはボールペンを指で弄ぶ。それは、何かを思案するときの彼女の癖だ。

「ティホフが平静さを失って、友人の仇を取らなければ、なんて思い込まなければいいんだけど。あなたはどう思う?」

「そのことで心配する必要はないだろう」と、僕は答えた。

「やつらと悶着を起こさないだけの分別はあるさ」

僕には一抹の疑念があったが、それは口にしなかった。事実をいうなら、過去数時間のティホフの振る舞いは、これまで見たことのないものだった。この状況では、本当に彼を信頼できるかどうか、わからない。

ザビーネは話題を変えた。

「上司、相当に怒りをくらったみたい。一時間ほど前から部長と緊急会議中なんだけど、部長がものすごく不機嫌なの。ティホフが逃亡して、私たちが彼を避難させたから。ティホフをすぐに警察に連れて行けって部長は言うの。上司はもう少し時間を稼ごうとしているわ」

それは、僕が恐れていた葛藤だった。葛藤は僕の心のなかにもある。殺人事件で警察の捜索をボイコットするわけにはいかない。証人を連れ去ったり、偽の手がかりを置いたり、捜査過程に圧力をかけたりすることはできない。だが、僕はティホフに対する責任もある。彼のアパートでロシアマフィアの殺し屋が人を一人、片づけたところなのだ。おそらく、殺されたのは間違えられた人物だった。狙われたのはティホフだったかもしれない。ティホフがいま、どれほどの危険に晒されているか、僕には評価できない。警察にはさらにわかるまい。ティホフが裏の世界の人間であることを、警察は知りえないのだ。彼が所有しているものをマフィアが取り戻そうとしていることなど、ますます知りようもない。情報局は、あらゆる可能性を駆使して警察の捜索を支援する。けれども、情報源を明かすことはありえない。V人材がそのことを百パーセント信頼できなければならない。でないと、情報局に協力する人はいなくなり、情報は得られなくなる。当然のことだ。絶対的な情報源保護がなくては、情報局の仕事は機能しない。

「役所では、自分の地位を守るため、情報局職員との接触を備考として記録し、対象人物関連のファイルに綴じ込む傾向がある。これは、作戦上の安全のために避けなければならない」

『情報局心理学第一巻』より

――「だけど、それなら殺し屋がイゴールを射殺したのは、なぜだろう？　ティホフが――

iPadを取ったときに見つかったはずだろう」

「そうであれば、彼は逃げられなかったでしょうね。でないと辻褄が合わないもの。すぐに話をつけるか、二度と逃げないようにするか」

「ほかにも説明のつかないことが二、三あるけれど、ティホフはバレたと僕も思う。その理由はこれから突き止める。殺し屋は結局、明らかに間違った人間を殺したわけだ」と、僕は言った。

「つまり、ティホフを殺すつもりだったと確信しているのね？」

僕は頷き、「彼のアパートは、捜索を受けたのか？」と訊いた。

「まだ何も聞いていないわ。データが届いていないから。いずれにせよ、刑事警察は現場を徹底的に調べたでしょうね」

「それで、イゴールは？　死体の状態はどうだった？　拷問を受けたのか？」

「まだ何も知らないの。たぶんいま法医学課で検死を受けているんじゃないかしら」

僕の携帯電話が振動し始めた。ディスプレイを見る。〝SGL〟——これは課長の略だ。課長は僕の直属の上司で、その上が部長、さらに情報局次長、情報局長となる。

「課長だ」とザビーネに告げてから、受信ボタンを押す。

「やあ、レオか？　ホームにいるのか？」

課長は答えを待たずに先を続けた。ホームつまり情報局に僕がいることは、当然知っている。

「作戦会議だ。すぐに来てくれ。部長もいる」

「わかりました」

僕は答えた。課長の口調はいつもとちょっと違っていた。おそらく、率直に話せる状況ではないのだろう。ある種の緊張も感じられた。でなければ、「部長がいる」とわざわざ伝える必要もあるまい。つまり、心の準備をしたほうがよさそうだ。

「幸運を祈るわ」とザビーネが言った。

たしかに幸運はあったほうがいい。とはいえ、あれほど激しいやりとりになるとは、想像もしなかった。いや、わかってしかるべきだった。部長がB3号俸を狙っていることは、公然の事実ではないか。内務省におけるキャリアのために、警察の捜索があっては困るというわけだ。

激怒した部長

会議室では、部長がドアのほうを向いて座っていた。その顔は赤みを帯び、てらてらしている。その左側に座る僕の上司が、暗い表情で軽く頷いた。部長は挨拶抜きで僕を怒鳴りつけた。

「君の頭はまともなのか。君のV人材はホテルで何をしている？　自分のアパートで人々が死んでいるときに」

僕の顔に疑問が浮かんだのを、上司は見逃さなかった。

「一人だけだ」と、上司は言った。「死体は一体」

「一体でも多すぎる。秘密捜査という表現が、君には理解できないのか。現在の政治状況では、事件が起きては困るのだ。何度指示を出せば、マルティン氏は従ってくれるのか」

部長はわめき散らし、こぶしでテーブルを叩いて激昂した。実のところ、それはさほど珍しいことではない。部長の怒りの爆発は、情報局内のみんなから恐れられている。だが、今回は顔がはっきりと紫色に変色している。この先もこのように顔色を変えるようだと、B３号俸まで身体が持つかどうか、わかったものではない。

「君のV人材を独断で犯行現場から連れ去ったのは、なぜだ？」

このとき、上司が決死の勇気で僕の援護をしてくれた。

「レオがしたことは、V人材リーダーとしての任務です。担当するV人材を、不明な、いやそれ以上の状況からまずは安全な場所に連れて行った。誰もが同じ反応をしたはずです。そこでいまは、次にすべきことを決めなければなりません」

部長は背もたれに寄りかかった。だが、緊張が解けたわけではあるまい。声からもそれはわかった。小声になったとはいえ……いや、歯の隙間から息を押し出すような感じで話している。

「それが君のＶ人材だったら、どうする？　殺したのが君のＶ人材だったら、どうするのだ？　何もわかっていないんだぞ。可能性はいくらでもある。最終的に彼が殺人犯だとわかったら、君が逃亡に手を貸したことになる。内務相には君が説明するんだろうな」

やっぱりな、と僕は思った。部長の関心事はただ一つ。どうすれば内務省内で得点を稼げるか、に尽きる。

僕はティホフを弁護し、「われわれはＶ人材の犯行ではないことを前提としています」と言った。

「前提とする？　前提とするだと？」

息音のボリュームが上がる。

「犯行ではないことを前提とする、なるほどな」

息音が鋭さを増す。

「いいか、この件には事実もいくつかある。それらはわれわれの立場を不利にするのだ」

僕は上司に疑問のまなざしを向けた。見落としたことがあったのか？　事実とは？

上司はかすかに、わけがわからないという仕草をした。部長が先を続ける。彼が事実と把握しているのは、僕がするべきだったと彼が考えていることらしい。

「事実とはな、君はすぐにV人材を警察にやるべきだったということだ」

僕はコメントしたいのをこらえた。ティホフを地下駐車場に連れて行ったのは、作戦センターからの命令だった。だが、ホテルにかくまうというのは、実際に僕のアイディアだ。だが、上司に話して合意を得たうえのことだ。上司が部長に伝えたことは間違いあるまい。上司の意志は固く、それを示してくれた。だが、部長が耳に入れるのは、彼が聞きたいことだけ。彼のプランに合うことだけなのだ。僕は、もう一度チャンスがほしい。ティホフにもう一度質問したい。数時間の睡眠を取ったあとなら、もう少し話してくれるかもしれない。iPad のこと、アパートで何があったのか、どうやって逃走したのか……。そこで、どうすれば部長の許可を取りつけられるかをすばやく考え、彼のキャリアで釣ることにした。

「V人材は、きわめて危険なデータの入った iPad を入手した、とわれわれは考えています。実際、この iPad があれば、一企業連合全体をつぶすこともできると推測されます。この iPad はウラジミール・Lの犯罪リンクへ通じるカギであるという、複数の情報源からの独立した報告を受けています。マフィアのトップクラス構成員の電話番号やメールアドレスも含めて。大きな幸運に恵まれれば、交信記録も手に入るかもしれない。対経済犯罪戦における成功をマスコミに発表することができれば、内務相も喜ぶと確信しています。われわれは、その一歩手前まで迫っているんです。ただ、少し時間が要ります」

「評価のためってわけか」部長は皮肉な口調で言った。

「iPadはまだ入手していません。V人材はショック状態にあるので、もう一度、彼と話すつもりです」

上司が僕に口添えしてくれた。

「二十四時間。その後は、私がみずから警察に連れて行きます」

部長は深く息を吸い込み、僕と上司が反対側の壁に吹き飛ばされるほどの音声で話した。僕らの耳はただの飾りもので、僕らの頭に脳があるかどうかすらわからない、とでもいうように。のちに廊下で、いったい何があったのか、と同僚に問われたほどだった。部長の声は、防音措置を施した会議室の壁を突き破り、言葉の破片が周囲一帯の部屋に届いたのだ。それを聞いた人々は、反射的に身をかがめたという。

部長の論拠はよくわかる。だが、僕に対する彼の態度は、そのまま受け入れるわけにいかない。これまで部長の癇癪玉をまともに受けたのは、僕よりも同僚たちだった。それでも、僕は何度も心に誓った。直属の上司が辞めたら、僕も辞めるぞ、と。上司は実にいい人なのだ。

結局、課長の尽力により、ティホフへの再審問に二時間を与えられた。ベルリン・フランクフルト間の往復に、部長は寛大にもさらに二時間をつけ足した。いまいましいことに、情報局員がヘリコプターを使うのは映画のシーンだけなのだ。

癇癪持ち——攻撃的な感情爆発テロリスト

癇癪《かんしゃく》持ちは顔色で見分けられるが、顔色は特徴として当てにならないこともある。このタイプは権力志向型だ。女性の場合は〝ヒステリック〟という言葉がよく使われる。精神分析学では、癇癪持ちの性質は、いずれにせよヒステリックな人間に当てはまる。前に『情報員マニュアル』で「観点を変える」ことについて述べたが、癇癪持ちは観点を変えるタイプではない。このタイプは、相手に自分と同じ見方をすることを期待する。感情移入能力に欠けているため、違った見方ができないのだ。世界は自分を中心に回るべきであり、重要なのは自分の利害だけ。だから、手心を加えることなく、傍若無人にそれを押し通そうとする。邪魔者がいれば腹を立て、爆発しかねない。

癇癪持ちは興奮しやすく、調和に欠ける。そのために発作的に怒ったり、癇癪を起こしたりする。よくいえば、意志が強く、恐れを知らず、決然としている。けれども気に入らないものがあれば、ことごとく排斥しないと気がすまない。彼らの目標は、周囲の世界を自分の想定どおりに形成することだから。そのために、しゃにむに突き進み、大勢集まった場所でも人を叱り飛ばしたり笑いものにしたりする。共感というものを知らず、ほかの人たちのニーズに配慮することもない。彼らが得意とするのは、要求を出し、業績を求めること。相手には厳しい基準を当てはめても、自分がそれを満たすことはめったにない。つまり、癇癪持ちは、情緒が不安定なうえに外向性が強いので、爆発性が高い。

オーナー社長の企業の社員のなかには、癇癪持ちの上司について十分に体験している人も多いだろう。それはオーナー社長によくみられるタイプだ。ヒエラルキー構造はこのタイプにとって有利なので、その抑制のきかない攻撃性はよけいに恐れられている。彼らは威圧的な態度で社員を感心させるが、自信はふりであることが多い。大声で話し、見たところは説得力がある。依存思考型の社員のリードは心得ているが、独立思考型の社員の場合は、癇癪持ちの上司と同じ目標を持たない限り、うまくいかない。

癇癪持ちの周囲では、創造性がないがしろにされる。優秀な社員は口を封じられ、会社を辞める。それが重要な部門であれば、企業の倒壊につながりかねない。家庭についてもそれはいえる。癇癪持ちのいる家庭は、連帯ではなく分裂を、平和ではなく逃走をもたらす。こうして、彼らの希望とは正反対の結果を招くことが多い。

感情移入能力の欠如は、癇癪持ちの特徴だ。このタイプは、ほかの人たちのニーズに配慮することができない。いや、往々にして感じ取ることすらできない。これこそが、生まれながらの権威が備わった人のしるしだ。社員はもちろん、それ以外の個々人を支援して動機づけるリーダー格だ。癇癪持ちは礼儀と節度の限界をよく破るので、価値や尊敬ではなく、不安がその影響力のベースとなっていることが多い。それは、彼らに不運な結果を招く。というのも、もはや完璧な人物とみなされなくなり、必要とされなくなれば人は去っていくからだ。人々は指示されたとおりに仕事を果たすが、心から打ち込むことはない。寛容さ、繊細さ、熱心さ、無私、といった性質は癇癪持ちの語彙にはない。攻撃的にならずに前向きな態度で人々とつきあえば、豊かさが生まれるのに、彼らはそれに浴することはない。チーム活動に適さないばかりか、チームの一員として溶け込むことすらむずかしい。彼らの世界観は、競争と敵対で特徴づけられているからだ。彼らにとって、友でない者は自動的に敵となる。それによって、彼らは攻撃されやすくなる。このタイプは操作されやすいからだ。

癇癪持ちの思うつぼにはまるのは、どんなとき？

○怖気づく

癇癪持ちを満足させて、最悪の事態を避けたい。そのため、癇癪持ちの態度に怖気づく。それは、癇癪持ちにとって願ってもないことだ。「こいつに対しては、この方法でうまくいく」

とわかるから。

○自分を正当化する

あなたに雷雨をお見舞いしている癇癪持ちに向かって、自分を正当化しようと試みる。そうすれば、稲光や雷鳴をさらに発散するチャンスを相手に与えることになる。癇癪持ちは、正当化を罪の自認と評価する。あなたがどのような論議を持ち出そうと、相手には必ず反論がある。たまにないときがあると、「単なる一意見だ」と言うにとどめる。相手が雷雨を浴びせているときは、実質的な討論にはならないことを憶えておきたい。雑談にすらならない。何も通用しないのだ。雷雨は避けて通れない。

○対決する

「相手が自分にすることを、自分も相手に」をモットーに、癇癪持ちと対決する。相手は大喜びするだろう。さらにアクセルを踏めるからだ。これで、わめき散らす喜びが本格化する。それは別として、彼らは損失など気にせずに怒りの発作を進行させる。対決しても、癇癪持ちの相手を印象づけることはない。怒り心頭に発したら、そんなことに気づきさえしないだろう。

○癇癪持ちをなだめようと試みる

なだめられれば、癇癪持ちはそれこそ刺激される。想像してみてほしい。怒りの爆発がピークに達したときに、「なあ、まずは落ち着いてくれよ。それほどひどいわけじゃないんだから」と言って鎮めようとしたら、どうなるだろうか。想像できない人は、実際に試してみるといい。ただし、安全のための距離を十分に保つこと。

癇癪持ちを阻止するには

すぐに実行できる最良の手立ては、癇癪持ちを広範囲にわたって避けることだ。残念ながら、これはいつもうまくいくわけではない。相手と依存関係にある場合は、職場、私生活を問わず、この手は使えない。その場合は、ときどきでいいから自分をほめること。これは、容易なことではない。癇癪持ち本人は、その攻撃的な態度によって周囲の人々に迷惑をかけたり、何もかもめちゃくちゃにしていることに、気づいていないケースが多い。自分で自分の邪魔をしている、ともいえるだろう。もっとも、それは何の慰めにもなるまい。そこで、癇癪持ちを避けること、というのが最良のアドヴァイスだ。パートナーや上司その他に癇癪持ちがいたら、別れるなり離れるなりすること。それが実行不可能な場合は、次の代替策がある。

○不安を見せない

あなたが怖気づいたり、または不安を抱いていることを、癇癪持ちに気づかれてはいけない。でないとかえって相手を勢いづかせてしまうからだ。何としても冷静さを保ち、取り乱さないこと。心臓が喉から跳び出しそうなほど激しく打っていても。心のなかで自分にこう言い聞かせよう。相手の反応は自分とは無関係だ。私とは一切関係ない。相手はまたしてもヒステリーの発作を起こしただけなんだから。じきに終わるに決まっている。こんなことをさらに続ければ、相手は弾けてつぶれるだろう。

癇癪持ちは状況を掌握していない、と見定めることも有益だ。あなたのほうは、相手がなぜ感情に揺さぶられているのか、その理由を把握している。くり返しになるが、これはあなたとは一切関係のないことなのだ。血圧上昇につながるので健康にもよくないが、相手の問題であって、あなたの問題ではない。

このように考えることで、あなたの観点は劣勢側から優勢側へと変わる。それがあなたの気持ちを強固にし、不安を見せず自信を示すことができる。背筋をまっすぐに保つこと。姿勢を崩してはいけない。毅然とした態度を示すこと。何も好戦的態度を示す必要はない。攻撃されているのはあなたではないのだから。癇癪持ちは、自分自身と戦っているのだ。

○矮小化しない

癇癪持ちが怒りを爆発させたとき、その爆発をつまらないことだと受け取らないこと。そんなことをすれば、火に油を注ぐことになる。「そんなことで腹を立てることはないでしょう」などと言えば、爆発はさらに激しさを増し、破裂しかねない。なぜなら、あなたが真剣に受け止めていないという印象を、癇癪持ちは受ける。実際にはそうだとしても、癇癪持ちがそれに気づけば、阻止できない。目標は阻止することなのだ。

○戦い疲れにする

相手が暴れ尽きるまで待つこと。花火はふつう、遅くとも数分後には燃え尽きる。そのあいだに介入すれば、長引くこともある。癇癪持ちに意見すれば新たな銃弾を供給することになり、さらなる爆発を引き起こしかねない。一般に爆発はそう長くは続かないということを記憶しておくといい。癇癪持ちの爆発は数秒でゼロから百に達するけれど、それとほとんど同じスピードでまたゼロに戻る。

相手の怒りの発作を自分個人の問題として受け止めないこと。心のなかで一歩脇に寄り、嵐が通り過ぎるのを待っていよう。

○それ以上刺激しない

あなたに対する癇癪持ちの批判が正しい場合、たとえ伝えかたが受け入れがたいものだとしても、さらに相手を刺激してはいけない。過ちを認めて、帳消しにするために何をしたらいいかと質問すること。

「あれは本当に私のミスでした。申し訳ありません。損害を抑えるために、どうしたらいいでしょう」

謝罪は一度だけ。その後は、過去のミスに注意を向けない。癇癪持ちの関心が未来および解決の発見に向くように仕向けること。

批判が不当である場合、その場で非難を退けること。自信を持って、冷静に。

「この状況であなたは別のやりかたを期待していたようですね。しかし、私の考えによると、この方策は不可欠だったのです。なぜなら……」

ここで、論拠を二つ以上挙げてはいけない。最強の論拠を即座に提供する。癇癪持ちの爆弾投下気分に染まらないこと。

○巧妙にテンションを低下させる

癇癪持ちの態度を甘受するとはいえ、その態度に賛同しているわけではない。そのことを、言葉に表してもいい。相手のテンションを下げる試みをすること。ただし、冷静に、適切な質問をする。

「問題がどこにあるのか、まず知る必要があります。あなたが腹を立てる原因は、正確にいってこの事態のどこにあるんですか？」
「それについて話し合いたいと思います。気持ちが落ち着いて冷静に話せる状態になるまで待ちましょう。よろしいですか」

○追い風を防止する

癇癪持ちが振り撒く怒りのエネルギーに反応しないこと。相手と友好的に向き合い、冷静な会話になるようリードする。それは相手が予想しなかったことなので、相手は唖然として譲歩することもある。相手の期待とは違う反応をするという、こうしたびっくり戦術が功を奏することはよくある。最悪のシナリオとはならなかったので相手は安心し、おそらく困惑して、さらに猛り狂うことを忘れる。

癇癪持ちを阻止する方法は、もう一つある。相手の性質に理解を示し、冷静に受け止めることだ。このタイプは他人への感情移入は苦手だが、情動はきわめて豊かだ。この理由から、相手の信頼を獲得することができれば、相手はあなたの感情を受け入れるようになる。そうなると、癇癪持ちでもあなたの話に耳を傾ける。

このタイプは、執念深い「精神かく乱者」ではないので、ときには気分を変えることもあるだろう。

○観点を変える

すぐにかっとなるあなたの相手は、実は同情に値する人物だということを意識してほしい。このようなお山の大将を思わせる態度を取らなければ自分を表現したり主張したりできないのだから。彼らには社会的能力が欠けている。それは、彼らの問題だ。怒りの発作もそれと関連することもすべて、彼らの問題であって、あなたの問題ではない。この見地に立って、犠牲者という役割から自分を解放するといい。

○レッドカードを提示する

遅くとも癇癪持ちが侮辱的態度を取ったら、ストップをかける。明白に一線を画すこと。

「語調を誤っているのではないですか。そのような話しかたは困ります。冷静になったらもう一度話しましょう」

「これは私に対する個人攻撃なので、ひと言謝ってください」

癇癪持ちとつきあう場合、長期にわたりこうした労力を費し続けるか、それとも安全な場所に避難するか、よく考えるべきだ。冷淡に聞こえるかもしれないが、感情爆発テロリストなしのほうが人生は楽しい。感情爆発テロリストの性質が変わるまで待つつもりなら、真夜中のドイツ上空に太陽が輝くまで待つことになりかねない。

サポート――出口戦略

終わりに、すばやくできる応急処置へのヒントをいくつか紹介したい。一読して気に入ったものを一つないし二つ選び、何度か練習してみよう。次に癇癪持ちと衝突したとき、すみやかに出口を見つけられるだろう。

○可能な場合は、かならず癇癪持ちを避ける。
○不安を見せない。とはいえ、攻撃性も見せない。
○怒りの発作が過ぎ去るまで待つ。そのあと、合理的な論拠を挙げてポイントを稼ぐ。
○いさかいにならないようにする。落ち着いて冷静さを失わないこと。
○頭のなかで、相手は癇癪持ちではなくヒステリックと考えること。そのほうが問題は小さく感じられる。
○あなたに対する個人攻撃ではないことを思い出すこと。癇癪持ちは、自分の過去もしくは子供時代にときどき帰るのだ。
○相手が自分を侮辱するようになったら、一線を画すこと。
「ストップ。そのやりかたは受け入れられない」

『情報員マニュアル』より――ポジティブな意図

情報員は、相手のポジティブな意図を認識することに焦点を当てる。人間のすることにはすべて目標がある。意識している場合としていない場合があるけれども。相手の目標がわかれば、その背後にある動機もわかる。そうすれば、自分の目標を達成できるのだ。

感情爆発テロリストの態度の背後には、かならずポジティブな意図がある。癇癪持ちだって、怒りの発作が楽しいわけでも爆発したいわけでもない。彼らの態度のルーツは、たぶんに子供時代にある。最も攻撃的な人の意志が通るということを、幼いころに知ったのだ。父または母が家族内でそのように生きたのかもしれない。感情爆発テロリスト、「神経キラー」や「神経にさわるやつ」のせいで僕らは絶望し、激怒することもある。だが、彼らの心中にあるのは多くの場合、満たされなかった望み――愛情や好意や尊重――である。

相手は悪意から行動しているのではなく、ポジティブな意図がその態度の根底にかならずあるということを、認識すること。それができれば、前ほどに腹が立つことはなくなる。知ったかぶり、不平家、心配性の人、高慢ちきな人たちについても同じことがいえる。

僕らは、与えられた可能性のなかから最良のものを選ぶ。ネガティブな態度を捨てるのは、それよりもよいものが見つかってからだ。「精神かく乱者」が癇癪を起した場合、その瞬間には彼はそれよりも有益な策がわかっていなかったのだ。彼の攻撃性が消えれば、ほかの解決方法が思い浮かぶだろう。

代替プラン

僕は、二時間をはるかに下回る時間でティホフのホテルに到着した。〝四六‐二証明書〟の提示を求められることはなかった。スピードが速すぎたせいかもしれない。

僕はフロントで名を告げずに、まっすぐエレベーターに向かった。

「すみません」

と呼び止めたのは、濃紺のスーツを着た四十代半ばの女性だ。

「場所はわかりますから。三〇一号室」

僕は答えた。一分でも失いたくない。

「三〇一号室のお客様は」

フロント係はそこで腕時計に目をやった。

「一時間前にお発ちになりましたが」

僕は、思ったことをそのまま口にした。

「そんなはずはない」

「お発ちになりましたので」

フロント係はそっけない口調で言った。

「どちらに行かれたかと訊かれても、私は存じておりません。たとえ知っていても、守秘義務があるのでお伝えするわけにはまいりませんが」

「すばらしいことだね。仕事に対して真剣で」

フロント係はいぶかしそうに僕の顔をじろじろと見た。僕が本当にそう考えているのか、それとも自分のことを内心笑っているのか、と疑問に思っていることが、その顔にはっきりと表れている。やがて、ほめ言葉として受け止めることに決めたらしく、愛想のよい笑顔を浮かべた。

「何かお手伝いできることはございますか?」

「いや。彼を空港まで送ろうと思っただけだから」

「タクシーを呼ぶよう頼まれました。行先はたしか駅だと思いますが」

これで情報が一つ、手に入った。もっともそれが役に立つかどうか、何の役に立つか、といったことは、まだわからない。だが、捜査とは往々にしてそんなものだ。全体像は最後にならないと見えない。

僕は外に出て車に乗り込んだ。上司に電話をかけようとした矢先、上司からの無線を受信した。

「レオ、プラン変更だ」

「はい？」

「部長が同意した。君が警察に連絡を取るのを待ってから、次の決定を下す。話の内容を次のように取り決めた。情報局がおこなっている対ロシアマフィア捜査の縁辺部にティホフが現れた、と君は話す。刑事警察が彼の関係を探り出すのは、どのみち時間の問題だからだ。彼は下っ端で、監視中に目に着いたと君が言う。情報局は支援をすると申し出て、警察が現時点で何を知っているか、探りを入れる」

「了解」

僕は答えた。何とかなるだろう。

「それからすぐにティホフのところに行き、iPadのありかを聞き出すこと。すべてがプランどおりに運んだら、彼を警察に行かせるのだ」

「いいと思います。では、そのようにします」

僕は気楽な調子で言った。

いまの僕に欠けている情報は一つ。ティホフの居場所だ。これは上司からはまず入手できまい。そこで、ティホフに電話を入れる。予想どおり、彼は電話に出ない。彼とのやりとりはこれまでも楽ではなかった。だが、彼が僕を見捨てたことはない。何があったのか？　友人の死は自分のせいだと彼は感じている。それが強く胸に応えて、用心を忘れてしまったのか？　ウラジミール・Lのところに行って、イゴールの仇を討つつもりか？　あるいは、潜伏する？　僕は、彼の気持ちになって考えようと努めた。そのとき、携帯メッセージが入った。送信者名を見て、助手席に置いてあった携帯電話をすばやくつかむ。ティホフからだ。「いまは駄目だ。あとで連絡する」

僕は安堵した。V人材は連絡を絶ったわけではない。だが、時間は経過していく。残るは二時間。

書類に目を通す見込みなし

ハンブルク警察署の殺人課で、僕と同位にあたるセーレンバウアー警視に面会を求めた。ザビーネを通して僕の来訪を告げてある。数分後にタイピストが迎えに来て、エレベーターで三階に向かった。ハンブルク警察署の執務室は、一九八〇年代を思わせる。飾りのない壁、黒い鉄製の足部のある木製の茶色いデスク、色褪せた捜索用ポスター、廊下に置かれた棚の上部から垂れるプラスチック製の蔦。それに見合うにおい。廊下のいちばん奥がセーレンバウアー警視の執務室だ。タイピストがドアをノックして僕の名を告げる。僕は入室した。

セーレンバウアーは五十前後のやや小太りした男で、額が禿げている。彼は表情一つ変えずに僕を見た。

「おはようございます」

僕は言い、右手を差し出したが、それは無視された。

「諜報機関か。ありがた迷惑なことだ。この件はそれでなくても不透明なのに、さらに君たちか」

デスクの上にファイルが置かれ、写真のあるページが開かれている。セーレンバウアーはファイルを閉じ、すばやく引き寄せた。

「君の同僚から電話があった。恐ろしく重要な人物であるかの態度でな」

僕は立ち、相手は座ったままなのに、上から下への扱いを受けている感じがした。彼の主要関心事は、書類という書類をできるだけ僕の目に入れまいとすることで、僕は二の次らしい。僕の来訪が迷惑であることを、相手は隠そうともしないのだ。やがて、初めてまともに僕の目を見た。

「十分だけ時間を取る。われわれは殺人事件の捜査中なのだ」

僕の〝同僚〟である相手の失礼な態度は癪にさわったが、そのことは顔に出さず、勝手にデスクの前の椅子に腰を下ろした。

「そう、僕が来たのも殺人事件のためですよ。僕らがいま捜査しているのは……」

セーレンバウアーは、僕の言葉に割り込んできた。

「わかった、わかった、そのことなら君の同僚から電話で聞いている。突然やって来て、極秘の捜査部長でございって態度だ。君はわれわれが知っていることを、すべて知りたい。だが、そっちからは何も出てこない。そんなゲームはほかのやつらとすればいい。私はごめんだ」

と彼は言って背もたれに寄りかかると、軽蔑したように僕を見た。

どうやら僕は完全に誤って判断されているらしい。僕のことを知らないくせに、セーレンバウアーは僕を非難した。そのやりかたは僕の流儀に合わない。重要人物然とした口をきくなんて、ザビーネの流儀でもない。僕は最初、率直かつ礼儀正しく、また相手の価値を尊重する態度で会話にのぞんだ。のちに摩擦が生じることは予測されたけれども。ところが、セーレンバウアーは僕を公式の訪問者としてではなく、個人的な頼みごとで来たかのように扱っているのだ。

「僕らが捜査しているのは、現場となったアパートに住む人物の周辺です。たしかに、ロシアマフィアを対象とする秘密捜査ですが、それでも警察に役立ちそうな情報をいくつか有しているのではないかと思いますね」

「犯人が誰か、教えてくれるんだな。そいつはいい。ならば、言ってくれたまえ」

セーレンバウアーの語調から、彼の興奮が伝わった。僕が犯人を知らないことは、当然わかっているはずだからだ。

「犠牲者が誰であるかすら知らないくせに……」と言ってやりたいところだが、僕は次のように応じた。

「それはわれわれも知らないが、犠牲者はわかっている」

僕は、プロフィールの書かれた書類を差し出した。ザビーネが急いでまとめたものだ。

「イゴール・ソロノフ。一九八〇年ミンスク生まれ。つきあっている女性はいるが、未婚。モスクワ在住。放射線医学クリニックの医師。堅実なミドルクラス。前科なし。債務なし。社会的環境で目につくものは皆無」

一瞬、セーレンバウアーは驚いた表情で見つめた。が、唇の両端を軽蔑的に下げ、驚きを隠した。

「この人物は問題ではない。地下の法医学室にいるんだから。犯人は誰だ？　われわれが知りたいのは犯人だ」

「現場に、何か変わったものは？　目につくものとか、証人の話とか」と、僕は訊いた。

「それについては話したいが、捜査が終了して書類を検察庁に回してからだ」

相手はそこで短い間を置いた。それから遺憾の念を装って、

「残念ながら、それまでにはしばらくかかりそうなので」と答えた。

他官庁の代表者との会話について

「他官庁との協働において、外部と接触することがあるが、通常は問題はない。外部との接触は、ふつうは捜査中に生じる。問題が発生するとすれば、たいていは他官庁の職員の抱くルサンチマンの形で現れ、法的に明白なケースもある。たいていは職員自身が不安なために、データ機密性を引き合いに出して捜査を遅らせることによる。そのため、捜査に携わる者は、データを求める情報局員に関する重要な法律の基礎知識を必要とする。それがなければ客観的に討論できない」

『情報局心理学第一巻』より

警察と情報局は、それぞれ異なる任務を持ち、法律的にも異なる外的条件に従う。この二つの機関は、法治国家の安全と秩序の保証に貢献し、それぞれ独自の法的手段を行使できる。両機関の任務と目標は、理論上はたがいに最適に調整されている。しかし、実際の作戦行動では大きな難題や手ごわい利害の衝突がよくある。基本的には、情報官庁はたがいに協働し情報交換するよう義務づけられている。理論からすると、情報を提供し書類に目を通させてくれ、と僕は警察に要求できるのだ。しかし、このケースのように捜査が進行中である場合、捜査作戦上の理由から拒否されることもある。セーレンバウアーは、どうやら拒否するつもりらしい。場合によっては、彼の上司である警視正か、さらに地位の上の人に当たらなければならない。だが、それには時間がかかる。

実践の場では、ふつうは情報交換のための会話で少なくとも粗削りな情報を二つや三つ、手に入れる手段や方法が見つかるものだ。だが、そのためには双方にその心構えがなくてはならない。セーレンバウアーはそうする代わりに、いくつかの非合理な点を僕に提供して楽しんでいる。

「この件は胡散臭いことだらけだ。アパートの持ち主はずらかった。隣りに住む女性によると、銃声がしたとき、やつは彼女のところにいたそうだ。なぜ逃げる？　しかもベランダからだという。さらに、その前に彼女の首を絞めた。おかしいことだらけだ。では、これで失礼する。訪問ご苦労さま」

セーレンバウアーは僕に退室するよう指示した。それは、ほとんど無作法ともいえるやりかただった。尊大な笑みは、彼の顔に少しも好感を与えない。そして彼は、あざ笑うような調子で告げた。

「もちろんこちらも協力的に支援する。捜査がすみ、書類を検察庁に送ったら、君も手に入れてかまわない。われわれだって、テレビ番組みたいに〈あなたの望みをかなえましょう〉ってわけにはいかないんだから」

それでも、一つだけわかったことがある。証人の女性は、ティホフのことをかばったり弁護したりしなかったわけだ。ソファでのできごとのあとなら、十分に考えられることではあるが。

僕はティホフにちょっぴり同情を感じた。このいけ好かないやつとまもなく対面することになるのだから。だが、彼は尋問を見事に乗り切るだろう。このような状況を初めて体験するわけでもないし。軽犯罪だが、故郷オデッサでも何度か尋問を受けている。ドイツ警察の方法に、彼はすごく感心していたっけ。

「なぁ、レオ、誰も一発見舞ったりしないんだぜ。眠らせないとかもないし、飢えもなければ渇きもない。ドイツの警察ってさ、ウェルネスだぜ。ロシア警察やKGBにくらべたら」

高慢ちき――尊大な感情爆発テロリスト

高慢ちきな人間は身振りによって、たいていそれとわかる。ちょっぴり尊大で、人を見くびったような、知ったかぶりな態度。彼らは頭を高くし、身を隠そうなどとは思わない。ことあるごとに自分はほかの人たちよりすぐれている、特別だとみなし、周囲の人たちにそのことを感じさせようとする。自分には能力があるから一般大衆より抜きん出ており、かけがえがなく代替不可、と百五十パーセント信じている。そんな能力を見せつける機会はほとんどないというのに。このことを強調するあまりほかの人たちを低く評価するので、相手を傷つけたり侮辱したり軽視しやすい。

彼らは自分より下のものを軽んじる。つまり、彼らの視野に入る人ほとんどすべてということだ。みずからを守れない人たちは、彼らの態度に苦しめられる。高慢ちきタイプは、サービス関係の従事者を粗末に扱うのが楽しくてたまらない。とくに技術を要さない仕事に従事する人たちについてのジョークでも言って面白がっているのだろう。彼らは、うぬぼれた心の歪んだ鏡で現実を見ている。

しかし、その自信満々の立ち居振る舞いの足元はぐらついている。というのも、高慢ちきタイプは、行動を通して不安や劣等感を隠そうとしているからだ。高慢な態度から、導き出せる結論がある。つまり、健全な自負心の持ち主なら、自分を大きく見せるために高慢さを演じたりほかの人たちを過小評価する必要などない、ということだ。

高慢ちきタイプは、あらゆることをいちばんよく知っている。だからほかの人たちの意見に耳を傾ける必要はない、と考えている。たまたま聞く耳を持つことがあれば、ジョークとして面白がる。なぜなら、本当に熟知しているのは自分しかいないと思っているからだ。ほかの人たちにくらべると自分はミスを犯さない、と確信している。資格や能力を示す職業訓練修了証や学歴証明を持っていないこともあるが、気になどしない。そんな些事にこだわるのは小心者だけとみている。それに、きわめて繊細だから、ある種の質問に対しては、答える必要を感じない。自分は事物や人間を超越していると考え、それを好んでしぐさで示す。その様子は、彼らがほかの人たちについて語る、見下した語調にも表れる。どのみち自分にかなう者はいないというわけだ。そのために周囲より近寄りがたい存在と見られることを甘受している。もともと、自分のことしか考えない人間なのだ。

このタイプが好んでつきあうのは、成功者とみなす人々だ。自分にとって適切な交際相手は彼らしかいないと感じている。ほかの人々は、自分の目標を達成するための道具とみなされる。

このタイプは、ほんのわずかでも立場が苦しくなると、状況を掌握して、相手が取るに足らない存在だと思い知るようにあらゆる手を尽くす。このとき相手を傷つけるような発言をする。ときには意地の悪い言いかたもする。口調は冷淡で、自制心を失うことはめったにない。相手が自分のせいで絶望に追い込まれれば、優位者の役を喜んで演じる。そうしてまた相手をおとしめる。自分の感情に酔っているのかもしれない。相手は冷静さを失っているだろう。高慢ちきタイプは常に状況をコントロールしようと努めているので、冷静さを失わない。

彼らはステータスシンボルに大きな価値を置く。それは、自分の力と、ほかの人たちよりも自分が高位にあることの象徴だ。彼らには、繊細な感情が欠けている。他人への感情移入や配慮は得意ではない。その姿勢や交際法には、虚栄心と失礼な態度が色濃く表れる。自分に注がれていた関心がほかの人に移ると、耐えがたい気持ちになる。みんなの注目の中心になるべき人物は自分だと考えているから。世界広しといえども、最も美しく、最も賢く、最も成功し、最も洞察力があり、最も優秀なのは自分だと信じているからだ。みんなの注目を集め、あらゆるものを支配したい。自信を誇示してたくさんの人を畏縮させてしまえば、あとはしめたもの。人々から特権を与えられ、人々よりもはるかに上回る能力があると信じてもらえる。

高慢ちきの思うつぼにはまるのは、どんなとき?

○畏縮する

高慢ちきタイプの見せかけの優越感に畏縮し、不安になる。影を光で照らして、相手の言葉がたくさんのふきだしとして空中に吐き出されるのを見て圧倒される。これで相手は任務を果たす。つまり、目標を達成したことになる。

○怒りや憤慨を示す

相手の態度が理解しがたいほど失礼でずうずうしいことに憤慨すれば、自分が相手よりはるかに低い立場にあることを示すことになる。なぜなら、相手は感情をあらわにしてそのような弱点を見せることはないからだ。

○相手を改心させようと試みる

高慢ちき人間の態度があなたやほかの人たちにどう見られているかを、一生懸命に説明する。それは単純なケースでは試みる価値があるかもしれないが、きわめて高慢ちきなタイプの場合はむだ骨だ。相手は、それに応じる必要を感じない。少なくとも自分はいまのままでいいと考えている。ここで何か変わるべきだとすれば、それはあなたのほうだ。またしても無分別に感情をあらわにしたのだから。

○劣等感と無力感を抱く

高慢ちきタイプがそばにいると、自分はちっぽけなつまらない人間だと感じる。それが相手の狙いだ。ところが、実際には、高慢ちき人間自身もそう感じていて、高慢さでカムフラージュしようとしているのだ。だから、ほかの人たちが騙されて、劣等感と格闘しているのを見るのは相手にとって小気味よい。そうした劣等感を、相手は本能的に感じ取っている。数マイル先から風で送られてきても嗅ぎつける。というのも、相手は劣等感というものを知り尽くしているからだ。

○皮肉、当てこすり、嘲りで反応する

高慢ちきタイプを相手にする場合は、この種のディフェンス行動は避けること。誰が相手であっても通用することだが、このような「精神かく乱者」の場合は特に、皮肉、当てこすり、嘲りによって平和は得られない。白旗を振る代わりに、相手を攻撃に焚きつけることになる。しかも、相手が高慢ちきタイプの場合、熱戦ではなく冷戦状態となる。氷のような冷戦に。

高慢ちきタイプを阻止するには

○自信を示す

あなたが畏縮したり不安になったりしても、相手に気づかせてはいけない。相手はさらに鼻を高くするだろう。

あなたが相手に敬意を抱いていることをはっきり示し、自分の意見も言うこと。ただし、固執してはいけない。相手に反論するときは、婉曲に表現するといい。

「あなたの見方につけ加えたい点がある……」

「このテーマについて、私の意見を言わせてもらうなら……」

○心のなかで距離を置く

高慢ちきタイプとの対面がこれからあるなら、心のなかで距離を置くこと。会話では冷静を心がけること。冷静でないと、このタイプは聞く耳を持たない。あまり多くを期待してはいけない。とくに感情面への配慮には期待しないこと。そうすることが護身になる。あなたがほんの少しでも感情的になれば、高慢ちきタイプにとって願ってもない状況が生じ、たちまち侮辱的になる。

○高慢ちきタイプを特別扱いしない

高慢ちきタイプを特別なものとして扱わないこと。格別の敬意といったものを示せという相手の要求には応じないこと。ほかの人たちと同じように扱えばいい。相手の高慢な態度が無駄に終わるようにすることだ。

○できる限り無視する

高慢ちきタイプが鼻を高くする機会を与えないこと。相手の尊大な振る舞いを少しも尊重していないことを、はっきり示すこと。挑発されたら弾き返せばいい。高慢ちきタイプを気にも留めなければ、相手はあなたの心を動かすことはできない。

○ユーモラスに接する

ユーモアを梃子にして高慢ちきタイプをかわすこと。

「もちろん承知してますよ。あなたは能力もルックスも最高ですごい人だって」

本人がする以上に相手を持ち上げよう。相手を事実に引き戻してあげるのだ。ただし、ハードランディングにならないよう注意したい。でないと鋭い反撃に見舞われる。かならず友好的なユーモアを使うこと。そこがあなたと高慢ちきタイプの違いだ。ユーモアを持たない彼らは、意地悪な一撃を与えたいだけなのだ。

高慢ちきタイプの自尊心は、どのみちダメージを受けている。だから、相手が最も必要とする称賛を与えてあげよう。このとき、あなたは決してユーモアをなくしてはいけない。

○平静でいる

あなたを怒らせることが高慢ちきタイプの目標だ。あなたが自制心を失ったことを見せれば、相手は勝利したことになる。だから、へとへとになるまで言いたいことを言わせておこう。

○相手と同じ目線で対応する

高慢な人のなかには、望んでそのような態度を取っているわけではない人もいる。心配やはにかみから、そのような印象を与えてしまうこともある。その場合は、相手にチャンスを与えよう。相手に何かいわくがあることを察したら、会話してみるといい。そのなかで相手のわだかまりがとけるかもしれない。そのチャンスを何度も必要とする場合もあるだろう。雨だれ石を穿つ、とことわざにもある。

○観点を変える

高慢ちきタイプは、不自然な態度を取ることでしか自己主張できない同情すべき人なのだと意識しよう。けれども、同情していることを相手に気づかせないこと。このタイプには、欠けている能力がたくさんあるのだ。感情移入能力、社交的能力、チームワーク能力などだが、それは本人の問題だ。慢心とそれに付随するものはすべて、本人の問題であり、あなたの問題ではない。こうした見方によって、犠牲者意識から自分を解放しよう。

○レッドカードを提示する

高慢ちきタイプが人をさげすむようなコメントによって相手を傷つけ始めたら、ストップをかけよう。

明白な一線を画すこと。

「口調がひどすぎるのではないですか。そのような話しかたは困ります」

「それは私に対する個人攻撃なので、ひと言謝っていただけますか」

サポート――出口戦略

あなたにとって最良のサポートとなるのは、〝敵〟について知ることだ。相手の性質を知っていれば、それほど大きな打撃を受けることはない。そこで、高慢ちきタイプのポジティブな意図は何かを、考えてみよう。癇癪持ちその他の「精神かく乱者」と同じく、高慢ちきタイプの意図も、自分を守ることにある。そして、ものの見事に失敗する。

次のことを思い起こしてみよう。高慢ちきタイプの行動の原因は、あなたにあるのではない。彼らは傷つかないよう自分を守るために、子供のころに特定の行動スタイルが身についてしまったのだ。それはあまりかまってもらえなかったからかもしれないし、愛情ではなく成績によってしつけられたせいかもしれない。感情を抑えて物事に集中し、結果を出す。そうすれば誰からも傷つけられることはない。自尊心が著しく欠如していると、敗北したり傷ついたりしないために、こうしたよそよそしい態度を身につけるようになる、というケースも多い。ほかの人たちから傷つけられるよりも先に、自分から相手を傷つけるというわけだ。

応急処置のヒント

○高慢ちきタイプとの不要な接触をできる限り避ける。
○高慢な態度を徹底的に無視する。ポジティブにもネガティブにも反応しない。
○人をさげすむような発言に対して平静でいること。それはあなたのことを指しているわけではない。
○挑発されないこと。冷静でいる。
○あなた個人を狙った発言ではないことを思い起こすこと。高慢ちきタイプは、固定概念にとらわれていることが多い。過去にまたは子供のころに、自信の欠如から最良の戦略としてその固定概念を身につけてしまったのだ。

○相手が自分個人を侮辱した場合は、一線を画すこと。
「やめてほしい。それは不愉快です」

○頭のなかで、相手は高慢ではなく、虚栄心が強くて自信がない人だと考える。そうすれば問題は小さくなる。

『情報員マニュアル』より――転移

ある人物に出会った際、その人についての情報は皆無なのに、とっさに感じの悪い人だと思った場合は、情報員は特別に用心する。

情報員は客観的な判断力を重視する。そこに命がかかっていると言ってもいい。感情爆発テロリストとのつきあいにおいても、客観性はぜったいに欠かせない。それはなぜか。実際はそうではないのに、ある人を潜伏スパイと咎めることがある。自分自身の先入観に騙されたためだ。心理学ではこれを転移と呼ぶ。僕らは、ある人物から別の人物へと、何かを転移させる。それは自分でも気づかずに起こり、ネガティブな場合もポジティブな場合もある。

例を挙げよう。サリーはブラインドデートの相手がすぐに気に入った。父のアフターシェーブローションと同じにおいがしたから。それが別れた彼のと同じだったら、いやな感じだと思っただろう。デートのお相手にチャンスはなかったはず。サリーはそれで判断しただろうから。

ヴォルフガングには部長が我慢できない。その理由は、日に日に増加する。しゃがれ声。何を言うにも三回くり返す。車種も、ハンドメードの靴も気に入らない。部長に関しては何でもかんでも批判せずにいられない。ところが、実をいうと部長の欠点は一つしかないのだが、それはヴォルフガングの目に入らない。離婚した妻の新しい恋人と同じ無精ひげを、部長は生やしているのだ。部長がバカなやつだという証拠ではないか……。

こうした転移が「神経にさわるやつ」に対しておこなわれると、たちまち感情爆発テロリストが誕生する。僕らの住む世界をつくっているのは僕ら自身だ。ときどき、もう一度現実をまっすぐ見直すといいことがある。家庭の幸福につながることがあるかもしれない。

証人の女性

ハンブルク刑事警察から二つ先の道路に止めた車に向かいながら、僕はザビーネに電話をかけた。

「警察は完全に当てはずれだったよ。セーレンバウアーはガードを固めて何一つ漏らさなかった。あれほど高慢ちきなチンピラは初めてだよ」

「わかるわ。私が電話で話したときも、そんな印象だった」

「情報を得るために、ティホフの隣人の女性と話さなければ。これから車で向かう」

「時間がかかるわね」

それは、部長の最後通牒を思い出させるコメントだった。

「そのあとでＶ人材を捜す。逃げたんだ」

「え――――？」

僕は携帯電話を耳から離す。声量を調整しなおしてから、現状を説明し、ティホフの居場所についてはは見当もつかないことも打ち明けた。

「彼からメッセージがあった。あとで連絡するって」

「上司は知ってるの？」

「まだだ。しばらく話さないほうがいい」

僕は言った。ザビーネなら信頼して大丈夫だ。だって、ペーター・Sという名前ではないのだから。

強い向かい風のなか、僕はブライヒェン橋を渡った。頭上にカモメの群れが飛んでいる。ありがたいことにザビーネと課長が援護してくれる。犯罪界を対象とした潜伏捜査における成功は、訓練の行き届いた実績のあるネットワークに頼れるかどうかにかかっている。過去数年間、同僚やV人材その他の人々が、僕のために限界まで行く覚悟で動いてくれた。ときには限界をちょっぴり超えることもあった。どれほどそれに助けられたことか。躊躇することなく、質問もせずに動いてくれるのだ。彼らの多くは、極端に急を要するときや極度に危険な状況のときに特別な強さを発揮する。だが、そのようなネットワークは一晩で生まれるわけではない。

僕はすでに数年前から情報局に勤務しているが、この世界で成功するための効果的な武器は何かということを、すばやく見抜いた。V人材が情報を提供するのはカネのためではない。新しい身分証明書のためですらない。人を動かして限界を超えさせるものは、結局のところ一つしかない。恋愛であろうとスパイ活動であろうとそれは同じで、信頼なのだ。関係が強いと、自分が相手にとってどういう位置を占めているか、たがいにわかっている。何を当てにできるか、何を当てにしてはいけないか、といったことを知っている。利口な人は、関係の持続の可能性を試すよりも、まず先に関係を築く。僕は、まさにこの道具を使いこなしていた。

V人材の〝V〟はドイツ語の信頼を意味する「Vertrauen」の頭文字。V人材は信頼する人。さまざまな観点から、信頼は成功要因なのだ。V人材は、組織内で絶対的な信頼を得ている人でなくてはならない。この信頼のおかげで、組織内で自由に動くことができる。そして、V人材リーダーである僕が保護してくれる、と信頼している。さらに僕も、僕のV人材を信頼する。信頼は両方向である場合に機能し、いったん壊れたらまず修復できない。だが、僕とV人材の間にそれが起きたことはない。僕とティホフの間にも、そんなことがあってはならない。情報局はこれまで、ティホフとともに数々の成功を収めた。

それに加えて、僕はさいわい強いチームとともに仕事することが多かった。みんなが同じ目標を追い、信頼で結ばれているチーム。チーム内に意見の相違はあるし、異なる意見を持つことが許容されるべきでもある。ただし、明白な指揮とすぐれたコミュニケーションを必要とする。だが、現状はそうとはいえない。部長と同僚ペーター・Sのせいで、僕はホーム内で冷たい逆風を受けている。それでも僕を阻止することはできない。たしかにペーター・Sタイプの人や、行方をくらましたV人材、またはセーレンバウアーのような人がいなければ、もっと楽ちんな人生を送れるかもしれない。だが、彼らは存在する。だから自分をそれに合わせて最適に調整する必要がある。「精神かく乱者」の性質がはっきりしたら、彼らを阻止する戦略もわかるはず。それをあなたがいかにうまくこなすかによって、生活の質が変わってくるのだ。

飛んできた弾に撃たれるか、または弾き返すか。それを決めるのはあなた自身。誰もが決定権を持っている。もちろん僕だってペーター・Sその他の「精神かく乱者」ではなく、ほかのことにエネルギーを使いたい。けれども、目下のところ現実はこのとおりなのだ。このような状況となるたびに、課長は僕に言う。

「なあレオ、物事がいつも簡単だったら、誰にだってできるんだから」

これを聞くと、課長にはわかっているんだって思う。僕の戦いは外の前線だけではないってことが。この支援はありがたい。おおげさなほめ言葉なんてたいていは必要ない。

それは、V人材とのつきあいからも知っている。V人材はどちらかというと寡黙なことが多いが、ひと言「わかった」と言えば、それは長い説明以上の意味があるものだ。ティホフは話好きで、この点でも例外的存在といえる。彼なら、こんなときは僕をナイトクラブに誘うだろう。誘いに応じたことは一度もないが、応じていればよかったといまは思う。そうすれば、彼の居場所がわかったかもしれない。

僕は、ティホフのアパートのある通りに車を入れ、監視にあたる同僚のそばを通過した。彼らは、まだアパートの前で見張っているのだ。僕は、これから行くことを無線で彼らに告げ、財布から内務省の身分証明書を取り出した。チェーンのかかったドアが数センチ開かれると、僕は「シュタルク　内務省法執行機関」という記載のある身分証明書を差し出した。そして、ちょっぴり面喰った。ティホフの好みは変わったのだろうか。それにしても、すごい変わりようだった。

「いまはちょっと、すごく都合が悪いんですけど。荷造りの最中なので。娘をうちに連れて行こうと思って」

ドアの奥に立つ女性が言った。

「それはいい考えですね」

僕は細い隙間に向かって答えた。やがて女性は、僕の言葉のとおり〝いい考え〟になってチェーンを解き、僕を玄関に通してくれた。四十代半ばの痩せた女性で、不満そうな表情をしている。スポーツをしすぎて、やつれ切ったような観がある。針金のような外見のなかで、アッシュブロンドの頭髪だけが緩やかで、肩まで垂れていた。娘はぜんぜん違っていた。ティホフがターゲットとするタイプは、やはり変わっていないようだ。ほとんど変わっていない。今回はブロンドではなく褐色の髪。ボリュームのあるロングヘアではなく、肩の長さのヘアスタイル。脚が長く、起伏に富むボディラインの魅力的な女性。名前をソニア・ヴィルヘルムといい、二十代後半と思われる。僕は握手を交わした。

「シュタルクといいます。内務省の法執行機関の者です」

僕は室内に通された。

「運がよかったわね。私がまだいるときで。二、三日、母のところで過ごすつもりなの。そのことは同僚の方にもうお知らせしたんですけど」

僕は頷いた。知っていたかのように。

「二十分以上はかかりませんから」

「あらかじめ電話してくだされればよかったのに」

母親が口を差し挟む。

「それとも、私たち、家でお行儀よく待っているとでも思ってらしたのかしら。思いついたことがあって、警察の方がまたやって来るって」

「ママ」

ソニアが言った。母親のとげとげしい言いかたがきまり悪かったのだろう。

「本当のことだわ」

母親がくぐもった声で応じた。

僕らはリビングルームに腰を下ろした。母親は、席をはずしたほうがいいかとも訊かず、これみよがしに時計に目を向けた。

僕はソニア・ヴィルヘルムに向き直る。

「すでに僕の同僚にすべてお話しになったことはわかっています。僕は別の件の捜査に当たっているのですが、この件と関連があるかもしれないのです。それで、全体像を把握したいのと、詳細について一つか二つ、質問をしたいので」

「あのときの話を最初っからもう一度しろっておっしゃるの？」

文句を言ったのは、母親だ。

「同僚の方たちとぜんぜん話さないんですか？　すべて記録されているはずだわ。娘は調書にサインしたんですから。そうでしょ、ソニア？」

母親は答えを求める視線を娘に向けた。

「ええ。したけど」

ソニア・ヴィルヘルムはためらいがちに言った。

「でも、この方にはこの方のお仕事があるんだから。ママは黙って、私たちに話させてくれたほうが、早くすむわよ」

それから率直に僕を見た。おそらくほとんど寝ていないのだろう。気が沈んだ様子だ。コンピュータ関係の大企業の中間管理職にある、とザビーネが言っていた。大学の専攻は経済コンピュータ科学で、学年トップで卒業したという。僕は、励ます感じで頷いた。彼女は、母親がそばで話を聞いているのが気まずい様子だったが、席をはずしてほしいとも頼まなかった。どのみち、もはや隠すこともないのだろう。知らない男性を夜中にアパートに通して……それで？　ティホフの描写によると、ほとんどそこまでこぎつけたところで、彼のアパートのドアが銃撃されたということだ。〝そこ〟というのが何を意味するのか、考える必要もあるまい。

「これ、ふつうなんですか？　犯罪の犠牲者を何度も何度も煩わすなんて」

母親が訊いた。

「ママ、お願いよ。私、犠牲者じゃないわ。何があったのかは知らないけど、証人にすぎないんだから」

しかし、母親は引きさがらない。

「こんなんじゃ、自分はいったいどこの国に住んでるのって疑いたくなるわ。娘がここに越したのは、静かで堅実なミドルクラスの界隈だからなのに。それが何ですか、これは？　こんなの、ふつうとはいえないわ」

ソニアは弾けたように立ち上がった。

「ママ、お願い。私の隣人のせいじゃないんだから、あれは……」

「絞め殺されそうになったんじゃないの？」

僕は二人の間に割って入ることにした。でないと明日になってもこうして座っていることになるだろう。

「あの晩にあったことを、話していただけますか」

僕はソニア・ヴィルヘルムに向かって言った。

彼女は唾液を呑み、母親にちらりと視線を向けてから語り始めた。

「ええと、あの、お隣りさんのことね。階段ホールで何回か会ったことがあって。そう、いつもすごく愛想よく挨拶するのよ。たいていはちょっと立ち話したわ。いつもすごくいい感じだった。会うたびに、都合がいいときにいっしょにワインでも飲もうって言ってたんだけど、まぁ、挨拶みたいなものだったわね。それで昨日の晩、都合がよかったから」

「真夜中を回っていたんでしょう、ソニア。しかも、まったく知らない男の人を家に入れたの？　そんなバカなこと、するもんじゃないわ」

母親が口を出したが、僕は相手にしないことにした。

「隣人をお住まいに通したんですね。彼について、知っていることは？」

ソニアが考えている間に、母親が代わって僕に答えた。

「会社からこれほどこき使われてなかったら、娘だってまともな時間にお隣さんと知りあいになれたでしょうに」

ソニアの顔に不快な表情が浮かんだ。

「仕事は気に入ってるわ」と、僕に向かって言った。

「それで、隣人について知っていることは？」僕は質問をくり返した。

「そういえば、何も知らないわ。職業も知らないし、どうやって生計を立てているのかも。いつもすごく機嫌がいいってこと以外は。どことなく面白い人ね。彼とは楽しく話ができる。ユーモラスな話しかたを心得ているのね。それに、彼のアクセント、いい感じだわ。特別なことは何も話していないの。最初はウォッカの種類について。それからドストエフスキーのこと」

ドストエフスキー？　ティホフが？　意外なこともあるものだ。だが、彼にいろいろな能力があってもおかしくあるまい。あれだけ女性にもてるからには、相当に頭が切れるはずだ。

「……そしたら、いきなりすごい物音がした。最初はぶつかり合う音。それからバンバンって数回。あれ、きっと銃声だったんだわ。でも、二回か三回か、それとも五回だったか、訊かれてもわからない。そのことは同僚の人たちにも話したけど。あっという間のできごとだったから。それが銃声に違いないってわかったとき、私、ただもう叫んでた。すっかり……われを忘れたの。だって、そんなことが自分の家で起きるなんて……といってもお隣りだけど。どんなにショックを受けたか、想像できるかしら？」

　僕は頷いた。

「いま考えると、あれはあの人のせい、つまりお隣りさんのせいだったと思う。私、怖くなって。あのときには何があったのか、ぜんぜん知らなかったけど、あの人の態度はすごく変だった。精神異常者みたいに家のなかを歩き回って、ドアに聞き耳を立ててて。それから窓に寄って下の道路を見た。すごく用心深く、レースのカーテンを動かさないようにして。テレビの探偵ものみたいだった。私が叫んだら、ものすごい目で私を見たの。あの人のあんな態度、初めてだった。目つきが……すごく冷たくて、何ていうか……気持ちがそこにないような感じ。私のことが目に入っていないみたいだった。突然まったくの別人になったの。だから怖くなって。つまり、そういう精神病の人っているでしょう……」

「そうでしょう！」

　ソニアの母親が大声を出した。

「だからわけがわからないのよ。なんだって真夜中にそんな見ず知らずの男たちを家に入れるのか」

　ソニアは怒りの目で母親をにらんだ。

「男たちじゃないわ。一人だけ、しかも隣人なんだから」

と言うと、僕のほうを見て先を続けた。

「あんなに怖かったこと、これまで一度もなかった。叫ぶつもりはなかったのに、私……声がひとりでに出てきて。そしたら口を押さえられた。それで抵抗して、噛んだの。それだけ。ひどい傷にならなければいいんだけど」

ソニアは答えを求めるように僕を見た。

僕は頷いて、「うん。大丈夫と思いますよ」と言った。

彼女は満足そうに続けた。

「その後、本棚に向かって投げ飛ばされたの。ひどく痛かったわ」

「なんてことなの」と母親が非難がましくつぶやいた。

「ほら、私、まだ生きているんだから」

ソニアはさらりと応じた。

「その後は、どのように？」

「アパートのほかの人たちも目を覚まして、そこらじゅう騒がしくなったの。お隣りさんは自分の住まいに行って、すぐにまた私のところに戻ってくると、私を捜し始めた。私、キッチンのドアの後ろに隠れてたから。家の外に出る勇気はなかった。だって、何があったのかわからなかったもの。彼、私の腕をつかんで、『何ともないか？』

とか、そんなことを訊いた。ああ、なんてバカなの。あの人、ひどい様子だった。目が……」

言葉を探しているのだろう。が、どうやら見つからないらしく、再び話し始めた。

「それから、大急ぎですべての部屋の電灯を消してから、ベランダに出ていなくなった。警察が来たのはそのすぐ後だったわ」

「遅すぎもいいとこだわ」

母親が横から話に入ってきた。

「警察って必要なときにいたためしがないんだから。そのくせ必要ないときにはすぐに現れる。それで、犯人はわかったんですか？　それと、お隣りさんは？　傷害罪で訴えなくては。それと、不法侵入と迷惑行為で」

「もうやめて。完全なショック状態だったんだから。しまいには彼のほうが私を訴えるかもしれないわ。私、噛んだから」

ソニア・ヴィルヘルムが言った。

「彼、ここに何か残しませんでしたか？」僕は訊いた。

「リュックサックを一つ。スポーツ用みたいな。でも、警察の人が持って行ったわ」

僕は頷いた。

「それだけでもよ。私が思うに、その人、リュックサックを取りに来るんじゃないかしら。そしたら、なくなっているから、あなたのせいにするわよ。だから、娘を安全な場所に連れて行きますから。だって、警察は何もしてくれないでしょう」

母親は僕に向かって言うと、立ち上がった。

「まだお知りになりたいことがあれば、あらかじめ電話してくださいね。ソニアは私のところに行きますから」

母親は、住所を告げた。

「あの人、捕まったんですか？　何か言ってました？」ソニアが訊いた。

「捜査中です」

僕は言葉を濁し、話を打ち切った。質問をもっと続けたかったが、そのためにはソニア・ヴィルヘルムと二人きりになる必要がある。それでも、無駄足ではなかった。いまの僕には捜すべきものが二つある。ティホフと、リュックサック。彼が僕にそのことを言わなかったのはなぜだろう？　iPad が入っているからか？　それなら、警察のところにあるので安心だ。だが、それが僕らの予測するデータだとすると、刑事警察の担当者はおおいに首をかしげることだろう。

経済犯罪のメリーゴーランド

このデータによって国際的な売上税脱税メリーゴーランドを証明できるのではないか、と僕らは考えている。それは、非常に大がかりな脱税を唯一の目的として設立された、複数企業からなるネットワーク。売上税脱税メリーゴーランドと呼ばれるのは、国境を越えて商品を大量輸送する際に、実際の内容とは異なる名目を使って税金をごまかすケースだ。商品は別の名目価格で申告される。たとえば、コンテナには安いガンのフェザーが入っているのに、高価なダウンと荷札に書かれているとする。この商品がドイツから輸出されるとき、簡単にいうなら、付加価値税が返金される。差額は相当なものなのだ。安価なフェザー九十万ユーロの十九パーセントと、高価なダウン二億四千万ユーロの十九パーセントの違いを考えるといい。

この方法で彼らが不正に入手するカネは、もとはといえばドイツの納税者である僕らの懐から出たものだ。ティホフが任務を受けて追っているウラジミール・Lは、国際的な企業ネットワークを構築した。このネットワークでは、あらゆる種類の商品が国境を越えて移動する。ウラジミール・Lの業務上の目的はただ一つ、売上税詐欺であるという、根拠のしっかりした指摘をいくつも受けた。こうしたごまかしにより、ドイツ国家歳入から毎年百五十億ユーロという金額が失われている。ヨーロッパ全体では、ざっと見積もって年間一千億ユーロの金額が騙し取られているのだ。

僕の上司である課長が僕に音声メッセージを送ったのも、そのためだ。部長が報告を待っている、と。部長は成功を渇望している。ものすごく。これだけの大物を内務省に進呈できれば、部長のB3号俸のために実に有利に影響するだろう。だが、残念ながらこの大物はまだ釣り針にかかってすらいない。実のところ、僕の漁師がいなくなってしまったのだ。

僕はザビーネに電話を入れて、ティホフのリュックサックを追跡するよう頼んだ。もしかすると、セーレンバウアーという名前ではない者がいて、押収品リストをファックスで送ってくれないとも限らない。

出会い

僕の漁師は、再び現れた。もう一度ティホフに電話をかけると、呼出音が八回鳴ったあとで応じたのだ。よいしるしだった。自由に話せる状態にあるということだ。

「どこで会える？」と、僕は訊いた。

当然のことながら、彼が姿をくらました理由を知りたかった。だが、それは会って直接聞くほうがいい。いま重要なのは、できるだけ早く彼に会い、次の指示を与えることだ。けれども、れっきとした理由から、僕らは敵であるマフィアのように振る舞う。つまり、重要なことがらについて電話で話し合うことはない。

「三十分後に。ピクルスがなかった場所で」と、ティホフ。

「わかった」と、僕は言った。

情報員にとって、そのような待ち合わせ場所は異例ではない。僕らはV人材に定期的に会い、そのつど場所を変える。場所についても電話で相談することはない。待ち合わせ場所は、「この前に犬が吠えた場所」「前回、君が車を降りた場所」「プレートが積まれていたホール」などと表現する。あるいは、ティホフのハンバーガーにピクルスが入っていなかった場所、ということもある。それは、レーパーバーンから遠く離れた場所にあるファーストフード・レストランだった。レーパーバーンには彼の知り合いが多すぎるのだ。

この用心深いやりかたは、諜報機関がたがいにしのぎを削っていた時代、電話線がすべて盗聴されていた時代の名残だ。当時はこの慎重策は必至だった。現在でも、防諜においては慎重さが望ましいとされている。ティホフが出入りする犯罪組織の世界では、ときにはなおざりにされることもあるかもしれない。けれども、ピクルスのケースでは、なおざりにはされなかったわけだ。

黄色いアーチ門を通ってレストランに入ったとき、ティホフの姿はなかった。カウンターでコーヒー二つと新聞を買い、壁際のテーブルを選んだ。頭上に大きなスクリーンが設置されている。ここからだとレストラン内と駐車場入口が見渡せる。隣りのテーブルに不平たらたらのカップルがいて、僕の気持ちを仕事から逸らせた。二人とも四十前後と思われる。男のほうは、グランドビッグマック・セットのほかにチーズバーガーとアップルパイをたいらげて、もう店を出たい様子だ。女は小さなベジタブルバーガーをもったいぶってひと口食べては、トレイに置き、コップを持ち上げて水をほんのちょっぴり飲む。

「理解できねぇな。そんなぽっちり食うのに、なんでそんな時間が要るんだよ」

と、男が声を張り上げた。

「噛まずに食べちゃ、身体に悪いわ」

女が諭すように言うと、男は怒りをあらわにして
「急いで食えよ。でないと先に行くぞ。後から歩いて帰ってこい」と怒鳴った。

「怒らないで。みんなが見るじゃない」

「だろうな。誰もこんなの見たことねぇんだよ。ベジバーガーを三時間もかけて食うなんてさ」

そんな調子の会話が休みなく続く。食事のスピードについて論じたあとは、この後で会うことになっている友人に話題が移った。ところが、話すことといえば批判や悪

口ばかり。なぜそんなどうしようもない人たちと会う約束なんかしたのか、と不思議になるほどだ。

十分経過しても、ポジティブなコメントは一つもない。別のテーブルに移りたいところだが、最高のポジションを手放したくはない。それに、隣りのテーブルから聞こえてくるたらたらの不平に、ちょっとした娯楽的価値があったことも否定できない。けれども、しばらくすると、いらいらしてきた。そんな小さな問題しかないのは、二人にとってよいことではあるが。嘆き&不平コンテストに二人を参加させたら、大差をつけて優勝すること間違いなしだ。準備も訓練も要るまい。

V人材の復讐

三十分遅れて来たティホフは、何日も睡眠を取っていないように見えた。目の下に灰色の陰があり、いつも青く輝いている目はどんよりとして顔は青白い。疲れ果てた状態だった。それればかりか、いましがた殴り合いがあったらしい。額の傷跡は前からあったものだが、左目の青あざと右手の指関節の傷は新しい。ティホフは、うめき声をたてて僕の向かいの椅子に腰を下ろした。

僕は頷き、あらためてコーヒーを二つ買ってきた。

「どこにいた？」

ティホフの頬の筋肉が動いたが、僕に言うつもりのない答えは、噛み砕かれて意味のわからない音声になった。

「iPad はどこだ？」

ティホフは白いプラスチック製のスプーンでコーヒーをかき回す。砂糖かミルクを入れたかのように。ティホフはいつもブラックで飲むので、僕は砂糖もミルクも持ってこなかった。ティホフは延々とコーヒーをかき回し続け、黒い輪をじっと見つめている。僕は彼の手首をつかんだ。

「iPad を渡してくれ」

「あとだ」

「いますぐ」

「レオ、駄目なんだ。まずは仕返しをしてやるんだ」

「バカなことはするな」

僕は彼の理性に訴えかける。

「イゴールは俺のせいで死んだ。裏切ったやつはわかってる。そいつの口に数発、見舞ってやった。くそったれめ。だが、あれは間違いだった」

「つまり、君はたったいま、やつらのところにいたのか？ ホテルを抜け出しただけでも最悪なのに、やつらのところに顔を出したのか？　頭が完全にいかれたのか」

僕は必要以上に声を高めないよう努めた。でないと客の注意が隣りの不平家から僕らに移ってしまう。

ティホフは何も言わず、再びコーヒーをかき回し始めた。僕の頭に血が上る。彼にはわかっていないのだろうか。敵側に死んだと思われていれば、命は安全だというのに。ティホフは初心者ではない。それどころかプロ中のプロなのだ。プレイボーイであることを見せびらかしたがるとはいえ、たいてい戦略的に行動する。常に危険を意識して、不要なリスクを冒すことはない。彼が僕の目の前で本当に感情的になったのは一度だけ。息子のためだった。僕が彼をV人材としてリードできるきっかけとなったのが、その一件だった。ティホフには、特別なところがある。ロシアマフィア界におけるベテランなのに、道義的な無感覚さや感情の乏しさがない。この世界の多くの人はそうなのに。ところが、ふだんはきっちりコントロールされている彼の感情が、いまや独立して、常軌を逸した危険な行為へ走りかねない状態にある。最悪なのは、彼がそれを少しも意に介していないことだ。死んだ友人の復讐をするという考えにとりつかれているように見える。すべてを失うかもしれないのに。

「信頼関係を築くとき、V人材リーダーは、情報源に対して人間としての関心をはっきり表明し、相手の私生活における幸福を心から願っていることを示すこと。V人材の私生活や仕事について定期的に話し合い、問題が生じたら支援を申し出ることもそこに含まれる」

『情報局心理学第一巻』より

ティホフが命を命で返し、殺されたイゴールの仇を討つつもりなら、僕は彼に反して行動することになる。そして、彼はそのことを知っている。僕のV人材は、個人的な復讐戦を起こそうとしている。彼はおそらくiPadを所有しているのだろう。そこにはわが国の納税者が収めたカネを騙し取った情報が入っている。年間数百万、いやもしかすると数十億という金額を。そして、部長にとってはB3号俸を意味するものだ。

「いいか、よく聞くんだ」

僕が言うと、ティホフは僕の顔を見た。その目が光る。かすかな後悔の光だ。ティホフは僕に敵対しているのではない。彼は僕に協力している。だが、いまは、彼にとってもっと重要なことが、つまり、彼の価値体系において僕らとの協働よりも明らかに上に位置するものがあるのだ。ティホフは僕に笑みを向ける。いや、笑みを浮かべようと試みたが、それはむなしく顔から消えた。

「俺、バカなことしたよな」

僕は頷いた。

「なあ、レオ、すべてうまくいってたんだ。最初はな。iPadを交換した。あんたに言われたとおりに。すべて絶好調だった。まずウラジミール・Lの部屋に行った。iPadはソファのところのテーブルに置かれていた。いつもどおりだ。俺は脇のソファに座った。ウラジミールはデスクのところだ。それからやつは部屋を出た。俺は一人になった。リュックサックはすぐ横に置いてある。すべて計画どおりだ。iPadを手に取って、リュックサックに入れた。いちばん奥に。で、あんたから渡されたiPadを取り出して、テーブルに置こうとしたら、不意にミハイルが入って来た。ウラジミールの荷物持ちの。俺はやった。大急ぎで。そしたらiPadが手から滑って落ちた。いまいましいクッションのなかだ。捜してテーブルに戻すことができなかった」

ティホフは深く息を吸い込んだ。彼のドイツ語から、相当にグロッキー状態であることがわかる。疲れてへとへとになると、それだけドイツ語が怪しくなるのだ。

「俺にはわからなかった。ミハイルがぜんぶ見たのかどうか。いっしょに来い、と、やつは言った。ウラジミールが待ってるからって。俺はそのとき思った。これですべておじゃんだって。けど、何もなかった。ウラジミールはパレット二百枚の契約書にサインしただけだった」

「ミハイルは、君がiPadを持っているところを見たのか?」

僕は訊いた。具体的なことが知りたかった。

「最初は見たって思った。それから、やっぱり見なかったたって。で、俺が去ったら、イゴールを撃ちやがった。それで、やっぱり見たんだって思った。だからさっき、ミハイルの口を殴るためにやつのところに行った。ほんとに殴ってやったぜ。ところが、ミハイルは何も知らなかった。iPadなんか見なかったとさ。パレットの契約書のために俺を呼びに来た。あいつ、何も見なかったんだぜ。だけど、おもしろい話を聞いた。執務室には隠しカメラがあって、数秒ごとにシャッターがおりる。俺がiPadを持っているのが、カメラに映っていた。で、俺が部屋を出ると、iPadがなくなってたってわけ。代わりのiPadを見つけなかったんだ。ったく」

「それで、ウラジミールのiPadは、いまどこにある?」

ティホフは、またしてもコーヒーをかき回し始めた。

「いい加減にしろよ。iPadはどこだ?」

ティホフは答えない。

「いいか、君の考えなしの行動のせいで、危険極まりない状態になったんだぞ」

僕は語気を強めた。

「君は死んだと彼らは思っていたんだ。殺ったのは君だ、と。殺ったのがイゴールだったとは、知るすべもあるまい。ところが、君はのこのこと彼らのところに行った……」

「ミハイルだけだ」

「なるほど。ミハイルが何をすると思う？　君にぶん殴られたあとで」

不平家のカップルが、隣りのテーブルから好奇の目でこちらをじろじろと見ている。僕の声がやや大きすぎたのだろう。僕は、トーンをぐっと落として先を続けた。

「潜伏するんだ。いますぐ。だが、まずは警察に行く。警察は、証人である君の証言を必要としている。得られない場合は、指名手配を出しかねない。それから車でホテルに送る」

意外なことに、ティホフは抗議せずに頷いた。

「君にとって問題となるものが、iPad のなかにあるのか？」

ティホフはかぶりを振った。

「バカなことはするな。わかったか。でないと君を引っ張り出せない」

ティホフはロシア語でぶつぶつと何やらつぶやいた。僕の理解が正しいとすれば、「犬どもは血を流す」となる。結構なことだ。僕は彼の下膊をつかみ、「分別をなくすなよ。僕は、君が当面のあいだ安全でいられる場所を用意する。それからいっしょに今後のことを考える。君にとってもうまくいく道だ。ここで一つでもミスを犯せば、君は一生涯後悔することになる。それに、僕にはもはや君を救うことができなくなる。わかったか」

「ダー」

ティホフはロシア語で答えた。「イエス」の意味だ。

それから四十分後、警察署のある通りの並行道路でティホフは車を降りた。走行中にティホフと交わしたのは、センテンスにしてせいぜい四つか五つだ。尋問戦略について相談したかったのだが、彼はどちらかというと取り付く島がなく、張り詰めた表情で窓外をじっと見据えていた。そこで、僕は中核となるメッセージに絞り込んだ。

「何を言うにしても、真実から離れないこと。ただし、知っていることすべてを話すんじゃないぞ。間違ったやつがリンチにあったということに、セーレンバウアーがいつか自分で気づけばいい」

ティホフはこれまで小犯罪またはやや大きな犯罪の容疑者として、何度も警察の尋問を受けている。だから、この状況をうまく乗り切るだろう。セーレンバウアーは、証人ヴィルヘルムの尋問を引き合いに出すと考えられる。ヴィルヘルムによると、ティホフは死んだイゴールを見て動揺した様子で戻ってきたという。それに対してティホフは、その理由は死体を見るのは生まれて初めてだったからだと主張するそうだ。これほど切迫した状況でなかったら、笑い転げるところだ。

ティホフは安全ベルトをはずした。僕はその肩に手をかけ、

「事実以外は話すなよ、いいな」と言った。

「家に帰ってきて、隣りの女のところに行った。銃声を聞いたんでうちに戻ったら、イゴールが死んで床に倒れていた。ミンスクの知り合いで、うちにしばらく泊まっていたけど、彼のことはほとんど何も知らない。敵がいたなんて想像もできない。医者で面白味もないやつ。ショックで、パニックになって、女のところに行って、外に出た」

ティホフは一気にまくしたてた。「知り合い」と言ったとき、手をこぶしに握るのが目に入った。

「上出来だ」

僕は言ったが、心のなかで「ほとんど」とつけ足した。こぶしは解かなければならない。おそらく警察で見せることはあるまい。

ティホフは僕に頷き、車を降りた。カウボーイを思わせる足取りで警察署に向かう。彼の青いウィンタージャケットが角の向こうに消えたとき、ザビーネからメッセージが届いた。

「セーレンバウアーのところにiPadはなかった」

リラックスした様子のティホフが角から姿を現したのは、それから一時間後だった。アルミホイルに包まれたケバブを二つ、手に持っている。どうやらすべてうまくいったらしい。気分よさそうな声を出しながら助手席に乗り込む。

「ドイツ警察の尋問って、すげぇ快適だぜ。証人だったから、いつもよりいい」

ティホフは愛想よくケバブを一つ僕に差し出し、ジャケットのポケットから缶ビールを二個、取り出した。そういえば、ずっと前から何も口にしていなかったことに、僕はこのときになって気がついた。ほんの少し眠れば、また元気になれそうだ。だが、解明すべきことが一つある。

「リュックサックを警察が押収したのに、iPad はなかった。いったいどこにある？」

ティホフに問いただす。僕にしてはかなり棘のある口調だ。

「安全な場所だ」

ティホフがにやりとして答えたので、僕はすごく気がかりになった。それから、彼はケバブを食べ始めた。僕がもう一度質問すると、

「口にものが入っているときは、話さない。レオ、ドイツのことわざじゃないか」

と、僕に諭した。

僕はティホフをホテルまで送った。そこからベルリンの情報局本部まで、さらに相

当な距離を走らなければならない。ザビーネが航空券を僕の携帯電話に送ってくれたのはありがたかった。ベルリン・ハンブルク間の高速道路を、僕は今日すでに三回も走破していた。

家宅捜索

ベルリンにある情報局本部に足を踏み入れたのは、午後八時。長い一日だったことを骨身に感じた。ハンブルクからベルリンへのフライトの前にザビーネから連絡があり、ティホフのアパートに何者かが侵入したことを知った。僕が隣人ソニア・ヴィルヘルムと会った直後らしい。監視チームは、彼女と母親がアパートを去ったのを機に撤退した。誰もいないアパートを見張る必要もあるまいと考えたのだろうが、理由は十分にあったわけだ。

「まともなやりかたじゃないわね。ほんとに徹底していて、絨毯まで剥がして調べたのよ」

ザビーネが知らせてくれた。

「ああまで慌てて撃たなければ、イゴールと話して iPad のことを訊くこともできただろうに」

僕が言うと、ザビーネはため息をついた。

「ほんと、同感だわ。だけど、最も賢明な解決を見つけようとする知性のある野獣じゃなかったわけね」

「まずは事実をつくる。殴りつけるのが先」

僕はザビーネに補足した。

「いちばん上に立つボスにとっては、ありがたくない話よね。ウラジミール・Lの望みは死体ではなくてiPadだったはずだもの」


情報局本部に着くと、僕はまずコーヒーを取りにいった。廊下で会う同僚はみな神経を尖らせている。ザビーネがその理由を教えてくれた。

「状況が不明だから。部長が全員に出動態勢を命じたの」

「それが誰のせいか、わかってるのか？」

十五分後に開かれた会議で、一人の同僚が僕に質問した。会議を取り仕切るのはザビーネだ。上司は一時帰宅したという。おそらく仮眠を取るためだろう。僕のしたいことリストのいちばん上にあるのが、それだ。いまの僕の外見は、おそらくティホフのそれとあまり変わるまい。

「君のV人材、バカなことをしでかしたもんだな。今日の夜は約束が入っていたのに」

　と言ったのは、隣席に座る同僚だ。

「僕だって、スポーツに行くつもりだったのにさ」

　別の同僚も口を合わせる。僕の敵はこれで三人になった。本来なら僕に敵対する理由のない三人なのに。そのうち二人は、仕事に関して不平ばかりこぼしている人たちで、相手が誰であってもさんざんにけなす。もう一人は、彼らから感染した。ふつうなら僕はこうしたものに対して抵抗力がある。だが、長い一日を過ごしたあとなので、僕の神経はまいっていた。なぜなら、不平をたれても何の役にも立たないからだ。ある状況で僕に何かできることがあれば、僕はそれを実行しなければならない。僕に何もできないとき、不平を言ってもどうにもならない。不平はまったく不要であるばかりか、不平を言えばますます気分が悪くなる。さらに、不平は感染しやすく、短時間でエスカレートしかねない。ドイツ人は不平家の傾向があると考えられている向きもあるが、僕の経験からみて肯定はできない。だが、一つだけ断言できることがある。不平家の同僚により、僕の神経の最後の一本まですり減らされた。

不平家——けちばかりつける感情爆発テロリスト

それが何であろうと、不平家は必ずあらを見つける。スープが熱すぎると言ったかと思えば、ぬるいと言う。雨ばかりでいやだと言えば、ちっとも降らないと言う。不平家を満足させることは不可能だ。ネガティブな人生観は自分だけに留めておいてくれれば問題ないのに、自分のものの見方を人々に伝えるのを使命と考えている感すらある。そんなことを聞きたくもない人々に。このとき、彼らは警告を与えたいようにも見える。

だが、実は警告する気など不平家にはない。けちをつけたいだけなのだ。何かすぐれたものがあったり、順調にことが運んでいたり、上機嫌な人がいたりすると、我慢できない。文句を言って台無しにしないと気がすまない。しかも、そのとおりになることもたぶんにある。思ったことをストレートに口にすることはほとんどない。「そのとおりだな。だけど……」と話し出し、ほかの人たちを悪く言うのを好む。ありもしない欠点を人になすりつけようとして、想像力まで発揮する。そのうえ、独善的だ。自分の人生観だけが真実だと思っていて、ほかの人たちが支持しないのは耐えられない。

もちろん、責めを負うのは不平家ではなく、かならずほかの人たちだ。不平家はあらゆる欠点を見つけるが、彼自身にはミスも欠点もない。だいたいミスを犯しようもない。これといって何もしていないのだから。疑念や思慮が先に立って、行動が妨げられているのだ。また、その姿勢は、殻にこもっていて打ち解けない。不平を言うときは、非難口調になることが多い。どんなことであれ、不平家は問題しか見ない。彼らはウィルスのようなもの。彼らに飛びつかれると、身を守るすべがない。それまで夢中になっていたプロジェクトが、急につまらないものに思えてくる。休暇旅行を楽しみにしていたのに、魅力が失せてしまう。不平家は、何であろうと不機嫌な灰色のヴェールでおおう。人生はもはや楽しくなくなる。不平家とのつきあいが多い人は、不平家の一人になりかねない。この災いは、それほどに感染しやすいのだ。なぜなら、僕らを駆り立てるもの、つまり熱意を彼らが奪うから。それが不平家の恐ろしさ。やる気満々だった人ですら、不平家に取り込まれたら無気力で憂鬱な人間になりかねない。

信じがたいことだが、不平はけっして現実を反映しているわけではない。実はその反対で、社会全体が穏やかで安定するほど、不平家の数も多くなるようだ。深刻な問題がないなら、つくってやるということなのかもしれない。ドイツは〝不平の国〟と呼ばれることもある。もっとも、笑顔の国と想定したところで、あまり聞こえはよくならない……。

不平家はあら探しするようプログラミングされていて、かならず欠点を見つける。さらにそれを、ときに尊大に人々に示す。うまくいきそうにないものに気がつくのは不平家だけだ。ほかの人たちはみんな単純で、お人よしで能無しなのだ。不平家だけがそうではない。そのことで非難されれば、またしてもそれが文句をつける原因となる。そのための論拠は尽きない。不平家は、朝から晩まで不平をたれ続けていられるのだ。

彼らがたがいにしのぎを削る不平家コンテストならば話は別だが、そうでなければ彼らが居合わせる場所は避けたほうがいい。彼らは、相手の議論に耳を貸すと言いながら、そうしない。不平を言うことしか頭にない。彼らの不機嫌は包み隠されているので、気がついたときはもう遅い。感染してすっかり暗い気分になっている。

悪評のある不平家や悲観論者に用心して早期に正体を見抜くことがきわめて重要なのは、そのためだ。彼らの歯牙にかかったら、悔やまずにすぐさま逃げること。不平家との接触が増えると、生きる喜びが曇ってしまうからだ。彼らのせいで人生は色彩をなくす。しかも、彼らの多くはなかなか見つかりにくい。ある人物に会った後、気持ちがすごく落ち込むとしたら、潜伏不平家に気分を損なわれた可能性がある。

不平家の思うつぼにはまるのは、どんなとき?

○礼儀をわきまえて、不平家のなすがままに任せる礼儀正しい習慣は捨てるべきではない。けれども、不平家と出会った場合には、捨てるのが適切だ。黒インキの入ったバケツが自分の頭上で傾けられるのがわかっていたら、礼儀正しく振る舞って不平家の発言を聞いている場合ではあるまい。

不平家はあなたの忍耐を目的達成のために厚かましく利用して、悲観的な話を次から次へと展開するだろう。

○相手に対する反論を納得させようとする

悲観的な見方は誤っていると不平家を説得することはできない。筋の通った論を彼らは受け入れない。自分の主張は正しいと認めてほしいのであって、議論をするつもりはない。彼らの興味は問題にあり、その解決ではない。文句をつける勢いはすさまじい。

○擁護する

不平家が攻撃するテーマについて擁護しても意味はない。こちらが正しいと主張すれば、相手が次々とくり出す問題にいよいよ巻き込まれるばかり。あなたがたくさん話せば、そのぶん新たな不平の材料を提供することになる。あなたが一つのことがらを論破するより先に、相手は十個の反論を持ち出すだろう。あなたのどの論拠に対しても、かならず反論を唱える。反論がない場合には、あなたは単に主張したいだけなのだ、と言い張るだろう。

不平家を阻止するには

○不平家の攻撃は早いうちに食い止める

不平家が部屋に入ってきたら、すぐに立ち上がって相手に歩み寄り、用事で行くところがある、と伝える。話したいのはやまやまだけど、いまは時間がないから、と。そうすれば、不平家はあなたにくっつくことすらできない。

いっしょに仕事をしているなどの理由で不平家を避けられない場合があるかもしれない。そんな人のために、以下の方法がある。

○攻撃に出る

不平家のほとんどは、自分の意見を出さず、単に批判している。こちらが巧妙な質問をすれば、相手を建設的な思考に導くことができる。このとき、具体的な質問をすること。

「何を変えたいと思う?」

「何を改良したいと思う?」

「XYを避けるために、僕らに何ができる?」

「それの代わりになる提案は何かある?」

しかし、そのように質問しても、たいてい答えは返ってこない。不平家は建設的ではなく、破壊的な性質だからだ。だから、途方に暮れてしまうだろう。

そこで、不平家に対してあなたの意見を明確に表現すること。

「私の見方はあなたのとは違う……」

「私の経験によると、それは……」

このコミュニケーションは、あなた自身を守るのが目的であって、議論による意見交換のためではないことを理解すること。なぜなら、論理や説得は不平家の関心事ではないからだ。

○無視できるときは無視する

相手の批判は建設的なものか、それともただの愚痴かを、見分けること。後者の場合は、無視する。「うん、そうだね」で応じてもいいだろう。けれども、内容について不平家の相手をしない。

耳がよく聞こえないふりをすればいい。これでほとんどあなたの思いどおりになるだろう。耳を貸さないそぶりというのは、やや失礼かもしれないが、非常に効果的な方法ではある。不平家がまた愚痴り始めたら、最初のうちは無視して、しばらくしたら止めるといい。

「さて、マーク、僕に何ができる？」

あるいは、

「悪いな、マーク、ちょっと聞いていなかった。ええと？　何の話だっけ？」

それでもまだ不平が続いたり、相手が最初から話し始めたりしたら、もう一度同じ方法をとればいい。僕の経験によると、遅くともこのときには、相手はばかばかしいと感じて、もっと礼儀正しい別の犠牲者を探す。彼の身に起きた、あるいはこれから起きると思っている恐ろしいできごとの数々を聞いてくれる人を。

○決して同意しない
不平家の話すことに礼儀正しく辛抱強く耳を傾け始めると、場合によっては、彼らは支持されていると感じるかもしれない。そして、ますます調子に乗って不平を言うだろう。相手の発言を力づけるようなコメントは避けたほうがいい。たとえば、

「あなたの言うとおりですね」

「それはほんとにひどいなぁ」

「まさか、本当なの？」

「うん、よくわかるよ」

「そういうの、ほんと頭にくるよね」

○不平家を仲間に入れる

うまく無視できない状況もあるだろう。会議で不平家を無視すれば、あなたのアイディアはことごとくつぶされてしまう。そのような状況では、早いうちに不平家を仲間に入れて仕事を与えればいい。

「タイスさん、すべての論拠が一覧できるのはいいことだ。それでお願いなんだが、今後も重要なポイントをリストにしてほしい。いいかな？」

あるいは、

「時間が足りないから、同様に重要なほかのポイントについて話し合うことができない。それで提案なんだが、これからＸＹポイントに取りかかる。ブリューメルフーバーさんに頼みたい。あとどのポイントを取り上げるか、次回までに煮詰めてくれ」

○引き延ばし戦術を使う

職場においては、引き延ばし戦術が驚くべき成果を生むこともある。不平家をできるだけ早く遮り、すべて書面でできるだけ詳細に書き記すよう頼む。

「わかった。すべてをできるだけ正確にメモしてほしい。すぐに担当者に回すつもりだ」

そのように言われれば、ほとんどの不平家は興をそがれるので、今後あなたは悩まされずにすむだろう。

○自分の立場をはっきり表明する

不平家の論拠のほとんどは事実に基づかず、悲観的な見方をするブレーキ役に徹している。「それは何の結果も生まない、それはぜったいにうまくいかない、そんなの現実的じゃない」といった具合に。だから、それはあなたの考えにすぎないとして退け、別の考えを掲げること。そうやって一線を画すといい。

ほかの人の悪口を言った場合は、すぐに止めること。「ペータースさんについての非難は、すぐにはっきりさせるべきだ。ペータースさんにちょっとここに来てもらうが、かまわないだろうな」

対決を迫られれば引き下がる不平家は多い。

○うわべで相手に同意する

相手の反論にうわべだけ同意して、あとは気に留めない。「あなたの言うとおり。世の中が悪いのだ。そこで私からの提案だが……」

○相手の疑念を誇張する

相手の疑念を誇張して、グロテスクなまでにオーバー表現する。あなただって不平家ほどにひどくなれるのだ。

○明白な一線を引く

あなたには物事に対する別の見方があることを示して理解を求めても、相手がそれに同意できない場合はこう言おう。

「君の悲観的な見方のほうが心地いいなら、お願いだ。私はそんな見方と関わりたくない」

○見解を変える

不平家は同情すべき人間だということを、意識すること。人生のすばらしいものが、往々にして彼らには閉ざされているからだ。けれども、それを開くのはあなたの任務ではないし、どのみちあなたには開くことなどできない。不平家に対して安全な距離を保つのが最もよい方法だ。

○レッドカードを提示する

不平家の人生観のせいで、あなたの幸福が明らかに乱されていると気づいたら、あるいは、無気力で気の沈んだ状態になり、人生のすばらしいものが見えなくなってしまったと気づいたら、安全な場所に避難すること。

サポート――出口戦略

実際には、不平家は哀れな人間だ。落とし穴がいつしか見えなくなり、しじゅうみずからはまってしまう。不平を言うことが習慣となっている。その原因はたぶんに子供時代にある。両親から愚痴る癖を受け継いだか、あるいは幼いころの欲求不満から生じたかだ。不平をたれることで、人生の楽しみは抑制される。不平家は足かせをはめられている。何を見てもネガティブなことしか目に入らないようなら、どうしてポジティブな軌道に乗れるだろう。つまり、ほかの感情爆発テロリストと同じく不平家も不幸な人間なのだ。不平ばかり言っていたのでは、満足は得られない。

応急処置のヒント

○不平家との接触は、できるだけ避ける。
○彼らの不平を徹底的に無視する。
○肯定したり同意したりするコメントを避ける。また、頷くなど、積極的に聴いているしるしを見せないようにする。
○巧妙な質問により、相手を建設的な思考に導くこと。例として……
「何を変えたいと思う?」

「何を改良したいと思う?」
「XYを避けるために、僕らに何ができる?」
○耳を貸さないふりをする。

『情報員マニュアル』より――再教育

情報員は、ほかの人を教育し直すことはできないと知っている。けれども、ほかの人にはたらきかけて、ある態度をやめさせることはできる。協働やいっしょに過ごす時間が、おたがいにとってもう少し耐えやすくなるように。

再教育とは、何をすべきかを片方が決定するということだ。それは、同等のメンバーから成るチームではうまくいかない。新しい態度は相手にとって魅力的なものであるようにすべきだということを、情報員は常に意識している。相手が自発的に努力して変化するために。

僕らはみな、行動パターンを持つ。いつもそのように行動してきたので、理由を考えることはない。それが自分にプラスになるかどうかも疑問視しない。問題はネガティブな習慣をやめることではなく、もっとよいものを発展させることにある。選択肢がたくさんあれば、そのぶんあなたは人生を豊かに形成できる。ネガティブな態度をやめるのは、もっとよいものが見つかってからだ。それぞれの状況でどのような反応がふさわしいかを、あなたが決定する。反射的にではない。つまり、情報員であるあなたは、オートパイロットなしで冒険に乗り出す、ということだ。

僕らはみな、自分のことだけを決定する。なぜなら、僕らがたやすく変えることのできる人間は、世界に一人しかいないから。それは、毎朝、鏡のなかに見る人間……そう、自分自身。ほかの人に何らかの影響を与えたいと思ったら、ちょっとした回り道が必要となる。情報局の容疑者性格分析官は、人間の行動を数学の公式のように計算する。

V＝f（P＋U）

人間の行動（V）は、人（P）および環境（U）の関数（f）である。どういうことかというと、ほかの人（P）を変えるのは困難であるとわかっていて、しかも別の行動（V）を望むのであれば、解決策ははっきりしている。環境（U）を変えるのが最も簡単な方法だということだ。最も成功する方法でもある。

証人保護プログラム

同じことが前にもあったぞ、と、瞬間的に思った。夜のホテルの部屋で、携帯電話に起こされる……。今回も電話の主はティホフ。ただし、時刻は寛大だった。午前七時。とはいえ、窓外を見ても朝を思わせるものはない。ベルリンのシャルロッテンブルク地区は、グレーに揺れている。僕の気持ちもグレー。それでも五時間眠った。基礎睡眠としては足りるかもしれないが、健康的とはとてもいえない。

「どうした？」僕は電話に出た。

「レオ、メッセージが来た」

ティホフの怒鳴り声が耳に飛び込んできた。

「夜二時に。ミハイルからだ。これから読むぞ。『生き延びると思うな』。ちっきしょう。レオ、どう思う？　あいつ、ウラジミールに話したかな？　あいつら、まだiPadを見つけていない。ソファのなかにあるってミハイルに言ったらどうだ？　レオ、おいレオ」
ティホフは怖いのだ。それはそうだろう。ロシアマフィアに狙われたい人なんているわけがない。僕は、彼の行動を咎めないことにした。ウォッカを飲んで夜を過ごしたと思われるからだ。彼はいま、ものすごく敏感になっている。この状況になった責任が自分自身にあることは、彼にもわかっているはず。僕は咳ばらいしてから、安心させるために事実質問をした。

「君の居場所を彼らが知ることは可能か？」

「いや」

「僕が送って以来、ホテルの外に出てないな？」

「出てねぇよ」

「それなら、目下のところ君は安全だ。あとで電話する。僕はもう少し寝る。それまでそこから動くなよ。そうすれば何も起こらない。わかったか？　じゃ、また明日」

「明日だと？」ティホフがわめいた。「今日だろ。まもなく、だ。急いでくれよ」

「電話する」と、僕は応じた。

再びベッドに身を横たえたが、すっかり目が覚めていた。それに、することが山ほどある。十五分後、僕はホテルの朝食室に足を踏み入れた。中クラスのホテルチェーンとして典型的な朝食ビュッフェは、八メートルの長さのテーブルに広げられている。

それでも、淹れたてのコーヒーのにおいがする。期待は裏切られず、本当に濃くて旨いコーヒーだった。四十分後、僕は情報局本部の二重ドアの前でコード番号を入力し、門衛に身分証明書を提示した。

架空経歴

僕はティホフを守らなければならない。だが、証人保護プログラムに入れるつもりはない。そうなると、V人材としての彼を失うことになるからだ。

証人保護プログラムを使うかどうかは、人生を左右する重大な決定となる。危険が極度に高い状況において、証人は新しい身元を与えられ、たいていは国外に移住することになる。故郷からも、家族や友人からも、遠く離れた場所に。それまで住み慣れた場所や愛する人々から遠く離れた場所で、長期間ないし一生を過ごすことになる。本人をたどることのできる跡は、すべて抹消される。そうすることにより、安心感が得られる。その見返りとして、法廷における訴訟手続きで証人として証言することになる。

証人保護プログラムのために、国家間で取り決めが結ばれる。たとえば、ドイツが三人のアメリカ人を受け入れるのと引き換えに、ドイツ人三人がアメリカのどこかに隠れ処を見つける、といった具合に。このシステムは極秘かつ堅牢だが、一つだけ問題がある。それは証人自身から生じる。というのも、家族、友人を問わず、誰かと連絡を取ることはいっさい許されていないからだ。ほとんどの人にとって、それは耐えがたい。最初のうちは安全であることを喜び、うまくやっていくことができる。だが、大台にのった兄が故郷で誕生祝いを開く……あるいはクリスマス、父の命日、子供の大学入学資格試験合格パーティ……こうしたことすべてが、究極の安全への道の障害物となり、つまずいて転んでしまう人もいる。彼らから生きているしるしが送られれば、そこにはたくさんの情報が含まれるからだ。そのようにして不幸が進行する。

このシステムでは、安全面の最大の欠陥は証人自身にあるといえる。知らない場所に行き、たった一人でゼロから始めるのは、最初はそう思わないかもしれないが、決してやさしいことではない。それは、新しい人生のために証人が支払う代償なのだ。命を失いたくなければ、ほかに選択肢はない、ということも多い。新しい人生に生きる価値があるのかという疑問は、たいてい後になって生じる。

ティホフのケースでは、やや事情が違う。おおげさすぎる措置をとるつもりは、僕にはない。何といっても、ティホフは無傷の証人ではない。犯罪組織に属する犯罪者なのだ。彼に証人保護プログラムを適用することは、僕にはできない。彼は長期間にわたって辛抱できないのではないか、という疑念があるので、なおさらだ。それに、情報提供者としての彼を失いたくない。彼はジョーカーともいえる存在であり、僕の奥の手なのだ。彼を守る別の方法がないはずはない。彼はウラジミールに対するスパイ活動をおこなっていたが、ウラジミールが抱いた嫌疑は誤評価に基づくものだ。というのも、彼のiPadは、執務室のソファのなかにあるからだ。偽のiPadだとしても、そのことをウラジミールは知らないし、気づくこともあるまい。スイッチは一度だけしか入れられないのだから。それでハードディスクは破壊される。僕らの交換モデルは完璧だ。そのように見れば、ティホフがiPadを盗んだという咎は、濡れ衣……に近い。つまり、ロシアマフィアにおいてティホフの信頼を回復するチャンスはまだあるわけだ。そこに僕は賭けたい。そのため、まずは数日ないし数週間、彼を火線から離すつもりだ。

だが、部長の考えは違っていた。上司、つまり課長から聞いたのだが、部長は証人保護プログラムを遂行するつもりだという。新しい名前、新しい人生、新しい国。ティホフを即刻ドイツから脱出させるべきだ。そうすれば安全だ。破綻は許されない。トップスターに死なれては困る。リスクはいっさい冒すな。B3号俸が見え隠れしているのだから……というわけだ。

「必要な処置をするか、レオ?」

上司の声から、彼も部長からの指示に不満を抱いていることが察せられた。おそらく上司も、大がかりな証人保護プログラムの実行を思いとどまらせようとしたのだろう。だが、クイーンはジャックより強し、なのだ。

「わかりました」

僕は言い、コーヒーを取りにいってから、三階にある作戦安全および架空経歴作成課に向かった。

三階全体を占めるこの分野は、僕ら情報員の覆面を安全に解く仕事も担当している。この課の同僚は、僕らの架空の経歴の開発と、偽装企業の運営にもあたっている。こうした企業はたくさんある。どの情報員もみな、カムフラージュ用の身元や会社の網のなかで活動している。これらは、概念および書類のみに存在するのでは用をなさない。現実のなかに組み込まれている必要がある。付随するものすべてを含めてだ。つまり、不動産、電話番号、自動車、インターネットのサイト、支払い媒介などだ。こうした企業または人物について調査した人に、これは実在するという印象を与えなければならない。しかも、長期間存在してきたという印象もである。それが、三階の同僚たちの仕事。僕がいま使っているシュタルクの架空経歴と、あと二つの経歴を僕に与えたのも、彼らなのだ。僕はいま、三つの身元を持っている。そこには、身分証明書、自動車登録証明、運転免許証、携帯電話契約書、銀行口座、クレジットカードが含まれている。

偽名

ティホフには、カムフラージュ用の証明書も経歴もない。彼は、市民登録された名前ボリス・Ｉを使い、本当にふつうに生活している。ティホフという名は、情報局内部だけで使われている。ロシア語で「静かな男」または「静かに話す男」といった意味だ。この偽名により、情報局内部において彼の身元はできるだけ守られるようにする。情報源保護は、情報員のバイブルのようなもの。Ｖ人材の偽名から身元が逆推察できるようでは困る。そのため、ふさわしい偽名を本人の周囲で探すことはぜったいにない。偶然からＶ人材の名前を得るのが好ましい。各実行者で、おのおの独自のやりかたがある。電話帳を開いて任意の場所に指を置く。あるいは、日刊紙『ビルト』の第八ページの八個目の単語、そうやって決める。僕は当時、逆連想という手を使った。この人物に最も似合わないのは何か、と考えた。やかましくて荒っぽく、ウォッカとポーカーが大好きなプレイボーイ。そう、静かな男。静かに話す男。

ペーター・Ｓは、担当するＶ人材のひとりを「ネイティブ」と名づけた。この人物をターゲットとする任務を電話で依頼されたとき、彼は高速道路の休憩所のレストランにいて、サラダバーのところでオリーブオイルの瓶を片手に持っていたからだ。

頭のいかれたやりかたであってもかまわない。結果が大事なのであって、方法を問われることはない。偽名から情報源に通じる手がかりとなるものは何もない。どんな偽名がいいか、とV人材本人に尋ねることはない。だが、当然のことながら、名前が本人の気に入るほうがいい。何といっても、報告書や領収書すべてに偽名で署名するのだから。そう、彼らの仕事はカネで支払われる。といっても、アタッシェケースに入った札束が渡されるわけではない。どちらかというと、象徴としての所要経費程度のものだ。V人材をカネで買うことはできない。

情報をカネで買えば、大きなリスクを伴う。第一に、カネは動機づけとして好ましくない。いずれにせよ、長期的にはうまくいかない。ところが、僕らはV人材と長期的関係を築きたい。第二に、カネを支払えば、V人材は面会のたびごとに、もっと好ましくスリルのある、とんでもない話をするようになる、という危険がある。なぜなら、提供する情報の内容に釣り合うカネをもらえるからだ。彼らの話は、現実とはほとんど無関係なものになるだろう。

V人材が〝でっちあげの情報〟を提供して、見破られることもある。そうした報告には、網の目のように張り巡らせた空想ばかりではなく、調査可能な実在する事実も含まれている。報告に出てくる人名、電話番号、車のナンバーなどは、すべて本当に存在する。だが、僕らの真の興味は、犯罪者の頭のなかにある計画、彼らの会話、次回の輸送はいつか、といったことにあるが、それらには根拠がない。つまり、空想の産物なのだ。そのような行為が明るみに出た場合、そのV人材はお払い箱になる。だが、そのようなケースは例外で、稀にしか起こらない。

V人材への支払いは、主として信頼に基づく。提供した情報が自分に不利になることはない、とV人材が確信できなくてはならない。彼らが百パーセント信頼できず、ほんのわずかでも疑いがあれば、僕は情報を一つも手に入れることができないだろう。それでも、優秀なV人材は、すぐれた仕事に対して、所要経費に加えてときどきボーナスを受け取る。ちょっとした心づけで、友情は維持される。だが、それほど多額ではない。それは、情報源を守るためでもある。XYがなぜ急に大金を手に入れたのか、と周囲の人々から疑問を抱かれては困るのだ。小遣いが情報局の友好のしるしであることを、憶測されるだけでも許されない。そうなれば、死刑の宣告と変わるまい。現金で僕らから受け取るそうした所得を、V人材は税務署にすら届けてはならないのだ。それでも脱税ではない。情報局との仕事で生じた出費をV人材が受け取るときは、偽名で領収書に署名する。

情報局との協働は完全に極秘扱いなので、法律で定められているように税務署に届けるわけにはいかない。それでも違法にならないために、諜報機関の作戦経理課は、事前に納税する。どういうことかというと、予算委員会から特定の年間予算を割り当てられると、諜報機関はすぐに所得税分を返金する。だから、ルール違反はしていない。諜報機関は闇の活動をするとはいえ、経理上はきちんとしているのだ。

育成段階では最高の規律が必要

僕がティホフをV人材としてスカウトしたとき、僕の経歴を用意してくれたのも、作戦安全および架空経歴作成課の同僚だった。ティホフは贅沢や人生のちょっとした楽しみを好むということを、僕らは探り出した。当時彼は、運び屋としてアムステルダム、フランクフルト、ハンブルク、ベルリンへたびたび移動していた。彼の仕事は、麻薬取引による収入を、次の購入場所に運ぶことだった。この取引では現金しか通用しない。僕はレオ・マルティンという偽名のもと、ロシア人資産家のためにヨットを製造する企業の企画マネージャーという経歴を使った。このロシア人は、当然のことながら秘密厳守に価値を置き、名前を公にしないよう求めていた。それについては、僕も同じだ。ティホフはいまも、僕をレオ・マルティンとしてしか知らない。会社所在地はフランクフルトで、造船所はアムステルダムにある。

僕は何度か〝偶然に〟飛行機内でティホフの隣りのシートに座った。そのとき彼はまだV人材ではなかったので、ティホフという名前もなかった。当時の彼は、そういうものに将来なるとは予想もしなかっただろう。僕のカバンのなかには、ロシア語で書かれた書類のほか、見事なヨットやさらに見事な船首像の写真がたっぷりと入っていた。僕がときどき書類に目を通したのは、偶然ではない。ティホフは脇からちらちらとこちらを見て、ヨットの写真が目に入ると、興味を持ったらしく質問してきた。こうして会話が始まった。自分から最初の一歩を踏み出さず、ターゲットの人物のほうからこちらにアプローチするよう仕向けるのは、最高の規律。ティホフについては徹底的に調査してあったので、彼の好みはわかっていた。だから会話をある方向に進めて、興味深く感じのいい人だという印象を彼に与えることができた。エサは漁師ではなく、魚の好みに合わせるのだ。そうすれば食いついてくる。

何度か〝偶然に〟出会った後、自分は情報局の人間であると彼に告げた。犯罪組織における彼の仲間数人の名前を挙げて、僕が同格のスパーリングパートナーであることを示す。それから、彼が断ることのできない提案をする。それに続く数週間は育成期間と呼ばれ、情報局との協働のルールに慣れる。こうして彼はV人材となった。

〝企画マネージャー〟の経歴は、またしても役に立った。これは、いまでも僕のお気に入りの経歴だ。なぜなら、専門家に出会っても、うっかりとしたことを言ってぼろを出すことがない。技師、デザイナー、ヨット建築家といった職種だと言えば、根拠ある専門的質問に答えられなければならない。それができなければ、いずれ疑問が生じる。いくらもしないうちに警報が鳴り出すかもしれない。いずれにせよ、優秀で自信があるという印象を与えることはできないだろう。企画マネージャーなら、特殊な知識は何も要らない。何も知らなくても、堂々と振る舞える。方法を少し心得ていれば十分。情報員の仕事を楽にしてくれる、すばらしい経歴なのだ。

「人物評価の全過程は、状況の存在とともに始まる。情報を受け取るとき、すでに知覚のゆがみが生じている。それは、状況のどの部分を知覚するか、人物の性質や行動のうちどれを知覚するかが問題となる場合である。最初の選択において、人物評価に関わる情報は、観察者が知覚できるように、知覚の敷居を超えなければならない。人がどの情報を取り入れるかということは、情報の持つ刺激の強さ、刺激の明白さ、脈絡によって決まる。こうして最初の選択が生じる。これにより、どの情報がそもそも知覚されるかということが確定する」

『情報局心理学第五巻』より

カムフラージュ用書類

「え？　カムフラージュ用書類？　V人材の？」

作戦安全および架空経歴作成課のシギは、呆然として訊き返した。

V人材のためにカムフラージュ用書類を作成するのは、よくあることではない。といっても、目をまるくするほど珍しいわけでもない。シギの目はいまにも落ちそうだ。僕は、ティホフのパスポート用写真を三枚、彼のデスクに置いた。

「この人物のために、新しい名前、パスポート、身分証明書、運転免許証が必要なんだ」

と、僕は言った。

「わかった。だけど、今日は手をつけられないな」

シギは断り、写真を机上の未決箱に入れると、その上にひと山の書類を置いた。

僕は文書をつかみ、写真を再び取り出した。

「逼迫した危険な状況なんだ。実際、いつやってもらえる？」

僕が訊くと、シギはすばやく息を吸い込んだ。

「君たちはいったいどう考えているんだか。早急になんて、何一つできるものか。どれほどの労力を要するか、何人の署名をもらわなければならないか、君は少しも知らないだろう。僕一人で、二日間ホームに詰めて、やっとこの部署での仕事が片づくというのに」

「それで、いつまでにやってもらえる？」

「ビルジットはいないも同然だし、休暇中のロベルトの代理も僕がしている。そればかりか、カムフラージュ企業の検査で手いっぱいだというのに。そのうえさらに、ひっきりなしに臨時のリクエストに応じなければならないとはな。僕のところに来て、デスクに何やら置いたのは、君が初めてじゃないんだぞ。しかも、ひっきりなしに電話が鳴る。二つのことを同時にするわけにはいかないんだから」

それはそのとおりだ。そんなことをしても、何にもなるまい。シギはいつも処理しきれないほどの仕事を抱えているのだ。内容が何であるかを問わず。彼は、多すぎる仕事に追われていることを人々に説明するのに、よけいな時間を使う。そのあいだにいくつかの仕事を片づけられるだろうに。僕の目から見て、彼には嘆く理由は何もない。彼は事務職にあり、決められた時間内で仕事をしている。彼の扱う領域は見通しがきくものだし、過去数年間に自分がやりやすいようにアレンジしてきた。彼は毎日、外から見た限りゆったりペースで仕事を進め、いつもかならず何かをしている。誰かが来れば、それがいつであろうと決まって都合が悪い。「よりによって、いまか」「次から次へと仕事が来る」「僕のデスクに置いていく」「これだけの仕事をいつ片づけたらいいんだか」……といった表現は、彼の標準レパートリーだ。シギのことを知らない人が、彼の話すのを聞いたら、この人は多忙なばかりか、処理しきれない多量の仕事に追われている、という印象を実際に受けるだろう。燃え尽き症候群の一歩手前なのではないか、と。

そのため、大部分の同僚はロベルトまたはビルジットに依頼したい。ビルジットが出産休暇でも取って、二カ月も三カ月も欠勤したらどうなるか、想像もしたくないほどだ。哀れなのはロベルトだ。彼とビルジットは、仕事の処理が速く優秀で、彼らからは解決と具体的説明がもらえる。シギと話すと、良心が咎められる気がする。一つには重要な仕事の邪魔をしたこと、もう一つは、彼がそれでなくてもへとへとに疲れているらしいからだ。だが、それは彼自身のせいでもある。彼には重要度の高いことがらと低いことがらを見分けられない。急を要するものとそうでないもの、と言ってもいい。年に一度のカムフラージュ企業全社の検査は重要だし、かならずおこなわなければならない。でも、この仕事が二週間遅れたとしても、文句をつける者はいまい。一方、ティホフの身に何かあったら、部長室から怒声が上がることは間違いない。

「希望する名前のリストは、もう作っただろうな?」

シギが訊いた。非難がましい口調は、いつものことだ。「雨が降っているようだな」のようなふつうの文でも、シギの口にかかると大きな負担のように響く。

「まだだ」僕はかぶりを振った。

「まだ何もしていないんなら、いったいどこから手をつければいいんだよ? どう思ってるんだ? 君たちの任務まで引き受けられる状態じゃないんだぜ」

それが君の仕事ではないか、と言いたいのを、僕はこらえた。それは意味がないからだ。シギのことは数年前から知っているので、彼の反応は予測がついた。機嫌を損ね、強情に抵抗して、文句を言う。だが、僕がひとたび部屋を出れば彼も奮起して、わりと短時間で中間報告するだろう。そこで、僕は彼の肩を軽くたたき、

「問題があってよかったと思えよ。おかげで君の職は安泰なんだからさ」

と言うと、すぐに部屋を出た。そうしなければ彼は、実はぜんぜんそうではないんだ、とか、それは僕の健康状態に影響するんだ、などと詳しく説明し始めたに違いない。ドアが閉じたとき、彼のため息が聞こえた。

苦悩屋――万年ストレス状態の感情爆発テロリスト

苦悩屋にとって人生は重荷で、そのことが周囲の人々にはっきりと現れる。顔を見ただけでわかることも多い。何もかもが下を向いて沈んでいる。いかにも悲しげな顔、苦しげな声色。話し方は単調で、ときに非難がましくなる。苦痛をたくさん抱えているからだ。身体に張りや躍動感がない。苦悩のあまり身体は前かがみになり、肩はだらりと垂れ、足をひきずって歩き、動きは鈍い。重い苦痛を背負っているのに、ほかの人たちには少しも理解できない。つまり、外部から見る限りでは、苦しむ理由などない。それでも彼らはかならず、たいていはいくつかの理由を見つける。

苦悩屋は、自分が不幸なのは自分よりも恵まれている人たちのせいだという印象を与えることもある。いつもは表面に出ないが、ときにはけんか腰やつっけんどんな態度になり、非難がましくなる。それに対して自己防衛できない人には、苦悩屋の不機嫌が飛び火する危険がある。そのため、苦悩屋は避けるほうがいい。癇癪持ちのように爆発することはないけれど、その毒はひそかに忍び寄り、少なからぬ破壊力を発揮する。

苦悩屋はあらゆるもののなかにストレスの原因を見る。天気がよければ暑くてたまらないと言い、雨が降ればじめじめしていやだと言う。いつも不満要素を見つけ出し、週末がすぐに終わってしまったから、したかったことがまたしてもできなかったと嘆く。何事にも歩調を合わせようとはせず、もっぱら自分の運命を嘆く。仕事を与えられたら、決まって負担が大きすぎると言い、ため息をついたり非難したりして、周囲に伝える。どんなことも荷が重すぎると思っている彼らは、ちょっとした仕事でも能力の限界を越えて追い立てられていると感じる。

苦悩屋はしじゅう声に出して嘆くので、不平家と間違えられるかもしれない。けれども、苦悩屋は自分自身の精神状態に集中しているのに対し、不平家は一般状況を嘆いている。自分のかかった病気についてくどくどこぼすなど苦悩屋の神経は脆弱で、むき出しの裸同然だ。そのため、彼らは周囲の人たちをいっそういらいらさせる。みんなは手を貸して相手の苦悩を和らげてあげるしかないと感じるが、もちろんうまくいかない。

彼らが苦悩しているのは、ほかの人たちを怒らせるためではない。彼らには、自分の小さな世界の外が見えないのだ。苦悩屋の最大の注意は自分に注がれている。たえず急き立てられているように感じている、せかせかするばかりの人生。すべては義務に思われて、そのために苦しむ。たくさんのことに手をつけるけれども、終わりまでやりとおすことはない。なぜなら、すぐに過負荷になってしまうからだ。そのため、ほかの人たちの話に耳を傾けることもむずかしい。考えるのは、いつだって自分の精神状態のことばかり。それが最も重要であることを疑いもしない。本人にとってそうなのだから、ほかの人たちもそのことを理解してもいいのではないか、と考える。自分に配慮すべきではないか、自分にこれほどの負担がかかっているのだから、と。いや、世の中が悪いのだ。自分は、不公平や意地悪など、みんなからひどい扱いを受けていると思っている。つまり、苦しむ理由はたくさんあるわけだ。

苦悩屋の中心にあるのは、自分固有の苦悩なのだ。そのため、周囲に対して気配りを求める。予期しなかったことが起これば動揺するので、自分を調整し切り替えるのに時間がかかる。日常生活をやりくりするだけでも負担過多なので、とっさに新たな事態を受け入れることができないのだ。

苦悩屋はこうした自らの苦痛をほかの人たちに伝えて、彼らを引き込もうとする。相手を説得して苦悩を〝譲渡〟し、自分の負担を取り除くことにしばしば成功する。彼らは、無意識に周囲の人たちの良心の呵責を活性化しようとする。そうやって、きわめて微妙な方法で力を行使する。なぜなら、良心の呵責を目覚めさせることに成功したら、自分の負担のいくつかは代わってもらえるだろうから。そうすれば、自分自身の苦悩に向き合う時間が持てるだろう。苦悩屋はほかの同僚にくらべて、こなす仕事量がはるかに少ない。というのも、嘆いて愚痴をこぼしてばかりいるから、仕事を片づける時間が少なくなるのだ。

言い添えるなら、子供のころから嘆いてばかりいたケースが多い。子供のときに強い幻滅感を覚えたのかもしれない。愛情、思いやり、気遣いなどに恵まれなかったため、保護者に対してときどき怒りや憎しみを抱くようになった。けれども、保護者に依存していたから、それを表に出せなかったのだ。そうした子供は、ネガティブな情動を自分自身に向けるようになる。そして、欲求不満や怒り、その他あらゆるもののために苦しむ。彼らが大人になってから周囲の人たちに感じさせるのは、これなのだ。責任はみんなにある。自分はみじめなのに誰もかまってくれない、と感じている。だから、ほかの人たちに責任を取ってもらいたいと感じる。

そこで、注意してほしい。苦悩屋のそばにずっといると、あなたも苦悩屋になってしまう危険がある。そのため、早めに逃げるほうがいい。ただし、逃げられないこともある。苦悩屋には、人々をそばに留めておくトリックがいくつもあるからだ。罪の意識や良心の呵責の種を蒔いて、かなり功を奏することも少なくない。とくにヘルパー症候群の人は要注意だ。

苦悩屋の思うつぼにはまるのは、どんなとき?

○かわいそうに思って助けたくなる

苦悩屋のことを心から哀れに思う。「かわいそうなやつ」と思い、もしかすると責任すら感じるかもしれない。あるいは、良心が咎める。同情と良心の呵責から、罪の意識が生じる。無情、冷淡、無関心と思われたくないので、苦悩屋とその問題のことを気にかける。

何かしてあげたいという気持ちは、美徳でもある。けれども、苦悩屋はストレス状態に順応してそこから抜け出すつもりはなく、自分の思考の落とし穴の犠牲者であり続けるつもりだとわかったら、あなたは自分のことを考えたほうがいい。苦悩屋は苦悩し続けるつもりなのだ、と悟るほうがいい。いまは最も都合が悪い、仕事が多すぎる、やかましすぎる、耐えがたい、と思う理由を、彼らはいつも見つける。底のない樽のようなもので、周囲の人々を吸いつくそうとする。苦悩屋は苦悩から解放されたいとは思っていない。苦しみたいのだ。そのことを早めに認識したほうがいい。同情心が憤慨や怒り、あるいは強い失望に変わる前に。

○苦悩屋に新たな任務を与えない

苦悩屋は、いつもたくさんの仕事を抱え、ほとんど超過状態にある。仕事を拒否したいだけなのではないか、と感じることもあるかもしれない。彼らにさらなる苦悩や不幸を与えてそれに対する苦情を聞きたくないので、新たな任務を与えない。そのようにして苦悩屋は、木陰の快適ゾーンにかけたハンモックの心地よい場を守る。そうなると、苦悩屋および同僚たちの仕事は、そのまま滞ってしまう。

苦悩屋を阻止するには

○苦悩屋と一定の距離を置く

最良なのは、苦悩屋の手にはまらないこと。最初のうち親切にしてあげると、気づいたときには離れるのが難しくなるケースが多い。あるいは、苦悩は一時的なものだと考えた場合もそうだ。だが、それは思い違いで、大変な結果をもたらしかねない。相手が苦悩屋だと見抜いたら、その後はその人物と距離を置くこと。でないと、あなたもあなたの気分も沈んでしまう。愚痴ばかり言う人の近辺で過ごすよりも楽しいはずの時間を、あなたは失うことになる。相手は強靭になって、次の不幸に向かう。なぜなら、エネルギー補給が必要になったら、あなたのところに行けばいいとわかったから。

距離を置くのが無理な場合は、いくつか別の可能性がある。相手の苦悩は終わらせなくても、あなたの苦悩を終わらせよう。

○責任を明確にする

苦悩に対する責任はあなたにあるのではなく、苦悩屋自身にあることを意識しよう。挫折ばかり、何一つ計画どおりに進まない……こうしたことの責任も、相手にある。あなたではない。自分の不幸にあなたは関係している、と言い含められないこと。また、相手の気分を良好にする任務も、あなたにはない。そういうことにちょっと貢献するのもいいかもしれない。でも、いつも元気づけてくれる人として利用されないようにしよう。

〇はっきりと一線を画す

苦悩屋がどれだけの時間をただ愚痴ることに費やしているか、考えてみること。自分の目標を頭に入れ、苦悩屋との出会いを短く切り上げる。

「いま急いでいるから」

「ティム、そいつはほんとにひどいな。だけど、その聞き役として僕は不適切だから」

「私、いまこれを進めなくちゃ。でないとあとで困ることになる」

苦悩屋から、エゴイズムだと非難されるかもしれない。たとえ最初の瞬間には胸に応えたとしても、長いこと頭を悩ませないことだ。というのも、苦悩屋にとって本当の目的はエゴイズムと非難することではなく、微妙に力を行使することにあるからだ。苦悩屋は、自分の目的のためにあなたを悪用したい。あなたに自分とかかわってほしいのだ。これが、彼の行動の裏にあるかもしれないポジティブな意図である。けれども、あなたにとってポジティブな結果にはならない。苦悩屋は自分が上昇したいから、あなたを引き下ろそうとする。つまり、エゴイストは相手のほうであって、あなたではない。たとえ相手がそのように非難し、行動によってあなたがそう思うよう仕向けても。苦悩屋は、助けたいという気持ちを呼び起こす名人なので、見抜かなければならない。

サポート——出口戦略

苦悩屋が助けを求めて、人生の重荷を取り去ってほしいと願っても、上記の理由により応じないこと。凝り固まった苦悩屋を助けることはできない。そこで……

○苦悩屋やストレス状態の人とは一定の距離を置く。
○相手の思惑にはまって同情したりしない。相手のエネルギー供給者として悪用されないようにする。
○相手に言い含められて罪の意識を持たない。
○はっきりと一線を画す。相手の状況への責任は、あなたにはない。

脅威的状況

　僕は部長の指示を果たし、ティホフの証人保護プログラムのための役所仕事を終えた。これはこれでよし。次は、ティホフと彼の脅威的状況に対処するためにどうするべきか、うまい思いつきが要る。最優秀V人材を火中から救い出さなければならない。

僕は自室のドアを閉じ、直通の方法をとる。

ティホフは、最初の呼出音が鳴り終わる前に出た。僕からの電話を待ち焦がれていたのだろう。

「どこにいる？」と僕は訊いた。

「ホテルだ」

「上出来だ」

ティホフは何やらつぶやいた。

「君のために非常プランを準備している。最後の手段だ。だが、まずは別の方法を試してみたい」

「何でもするぜ、レオ」

彼がこんなに扱いやすいのは初めてだ。

「ウラジミールに電話して、どこにiPadがあるか、伝えるんだ」

やはり、直通の方法だ。最も簡単な解決策。が、ティホフの従順な態度はそこまでだった。

「そんなこと、できるもんか。頭がいかれたか。やつは俺を殺そうとしたんだ。目と目のあいだに弾を一発ぶち込みたいぜ。それで十分なんだ」

ロシア語の悪態がそれに続いた。

「僕の頼みを聞いてくれないか」

悪態が続く。

「深く息を吸うんだ」

僕が指示すると、彼は意外にもそのとおりにした。息を吸い込み、吐き出す音が聞こえる。彼が再びまくしたてるより先に、僕は話し始めた。

「ウラジミールに電話をかけて、どこにiPadがあるかを伝えるんだ。でないと、君が目と目のあいだに弾を受けることになる」

「やつはイゴールをやっつけやがった。やつには……」

「ウラジミールに言うんだ。Googleで調べることがあった、と。ミハイルが呼びに来たとき、iPadをソファの上に置いた、と」

僕は、ティホフの言葉を遮って話し始めた。

「それから、あんた、頭がいかれたのか、殺し屋に狙わせるとは、と言ってやる。あんたのおかげでひどい思いをした、と。そして、いまいましいiPadを見つけたら、謝罪してもらいたい、と言って電話を切るんだ」

「だけど……」

「反論するな。もう一つの方法は、君を別の大陸に飛ばせて、そこで新しい名前でゼロからやり直すことだ」

「だけど……」

僕は、彼の言葉をまたしても遮った。

「わかってるのか、これが君にとって何を意味するか」

電話の相手は答えない。深く呼吸する音が聞こえている。

「これからどうするつもりだ？」

やはり答えはない。

永遠にも思える五秒が経過してから、僕のV人材は答えた。

「わかった、そうする」

僕はデスクから両足を離して、安堵の息を吐いた。

「人物評価においては、評価する側の期待が重要な役割を果たす。人は、先入観のない客観的な観察者ではない。評価するとき、それまでの経験や立場、感情、動機などに特徴づけられる。評価者の経験や知識は、期待という形で人物評価に影響をおよぼす。人物やその性質を評価するときに得た、経験や知識や仮定は、一種の思考パターンを形成し、その後の人物評価に役立つ」

『情報局心理学第五巻』より

もう一人のV人材

ドアノブがすごい音を立てたので、僕は椅子から落ちそうになった。僕も一度、気紛れからしたことがある。かなり上からノブを叩きつける。室内の人は驚いて、血管内の全血液が凝固する。ザビーネの赤いショートブーツのヒールが床を打つ。ザビーネは、僕の勤務用装備の入ったスチール製の棚の前に立ち、事務的な調子で言った。

「ウラジミールに通じる道がもう一つあるの」

彼女のにんまり顔から察するに、僕はよほど驚いた顔をしたのだろう。これがほかの職種であれば、それほど重要なことをなぜいままで言わなかったのか、と訊くところだ。情報局ではそれが通例だが、そこには理由がある。僕は、自分が担当するV人材しか知らない。ほかのV人材リーダーも、それは同じだ。スパイ相手の作戦行動では、必要最小限の知識しか持たない、という方針が適用される。これは諜報機関におけるたくさんのルールの一つで、最終的には情報源を守るのに役立つ。

ザビーネは案件統合評価員で、彼女のところにすべての糸が集結する。彼女はいつものように、情報の入った書類ケースを、フライングディスクさながらにデスクに投げた。書類ケースがデスクの縁ぎりぎりの、落下の手前で止まったのも、いつもと同じ。ザビーネの視線は鋭いのだ。僕が書類ケースを開いているあいだに、彼女は報告を始めた。

「四カ月前から、ウラジミールのところにV人材をもう一人、用意してたの。といっても、まだ育成段階だけど。情報源ノヴァク。ウラジミールの会社の情報技術専門家。大物ハッカーではないけれど、ネットワーク専門でユーザーサービス担当。ほんとに危険なデータにはまだぶつかっていないけれど、十カ月ないし十二カ月以内には……って期待しているの。ウラジミールの経済犯罪関連で、最初のちょっとしたデータをいくつか入手したわ。これまでの最良の情報は、彼がゴミ箱から拾ったものよ。ウラジミールの通信技術全般を担当している。ネットとか、電話とか」

「うん、それで?」と、僕は言った。続きが気になるところだ。

「もしかして、彼に手伝ってもらってiPadをソファから出せないかなって思うんだけど。彼がウラジミールの執務室に入る可能性はないか、いま調査中なの。あるいは、ティホフがiPadを手にしている写真を手に入れられないかどうか。そうすれば、少なくとも状況がはっきりするから」

僕は弾けたように立ち上がった。それが可能なら、大きなリスクを冒すことなくティホフの荷を軽減できる。すぐにでもノヴァクのV人材リーダーと話さなくては。

「ノヴァクのリーダーは、誰?」僕はザビーネに訊いた。

そのとき、ドアノブが再び動いた。今回はほとんど音をたてずに。ドアがすでにかなり開いてから、短い、聞き逃しかねないほどかすかなノックがあり、ペーター・Sが姿を現した。

「ふうん、おとぎ話でも練ってるのか。君たちがもっと前にこれについて考えていたとしたら、どうだっただろうか、とな」

ザビーネは、冷ややかなまなざしを向けた。

「考えていたなら」

彼女は、ペーターの文を修正してから、「私たち、考えたのよ」と言い添えた。

「ふうん。たぶん間違ったことをなんだろうな」

ペーターは尊大な笑みを浮かべた。

「間違った考えなんて、ないわ。間違ったタイミングはあるけど。いまもそうよ。邪魔しないでほしいわ」

ザビーネは、ペーターの発言を再び修正したが、彼はそれには注意を払わずに僕に向き直った。

「君に助言してやろう。君がさらに問題を起こす前に」

僕は努めて反感を隠し、退屈しているふうを装った。

「それはご親切に。君の提案は？」

「指示に従うことだな」

ここで、彼はわざとらしく間を置いた。

「単独行動はするなよ」

「何が言いたい？」

体内のすべてが引き締まる感覚を僕はおぼえた。まさか、僕の部屋は盗聴されているのか？　ティホフとの電話のやりとりを、彼は知っているのか？　厳密にいえば、ルール違反だった。僕は、思い切った賭けに出たのだ。これを正当化できるのは、プランが成功した場合だけ。成功しなかったら……ということは、考えたくもない。僕はリスクの道を取った。単独行動だ。上司はリスクゼロの選択肢を僕に指示した。だが、なぜペーターがそのことを知っている？

　彼の顔に嘲弄的な笑みが浮かんだ。

「別に何でもないさ。ここでミスを犯さないよう、君に忠告してるだけ。君は感情的に深くのめり込んでいるんだ。認めないだろうがな。そう考えているのは、僕だけじゃないぞ」

「ミスっていうけど、どんな？」

「典型的なミス。僕が列挙するまでもあるまい。君だって習ったんだから。重大なはずのことが報告書に抜けていたり、事実に反することが記載されていたり。君のV人材が無力化されないために」

　ザビーネは深く息を吸い込んだ。が、彼女が言葉を発するより先に、ペーター・Sは出ていった。来たときと同じく音もたてずに。

「何が言いたかったのかしら？」

　このとき、彼女の問いに答えずにすんで僕はほっとした。上司が内線で彼女を自室に呼び出したのだ。

「ノヴァクのリーダーは誰？」僕はすかさず訊いた。

「ヨハネス。彼の電話番号、あなたのケイタイに送るわね。急いだほうがいいわ。彼、一時間後にはベルリンを発つから」

僕は椅子の背にかけてあったジャケットをさっと取り、携帯電話をつかんで出口に向かった。ペーター・Sの婉曲な脅しを聞いたからには、まずここを出なければならない。ティホフは無力化されるかもしれないという。ペーターの言ったことは、ある点ではたしかに正しい。V人材との面談や接触はすべて、報告されなければならない。本当ならさっきのティホフとの通話も備考として簡単に記入すべきだった。電話を切ってからザビーネがドアノブを叩くまで、二十分ほどあっただろうか。会話の内容とティホフの反応について、後で記入するつもりだった、と主張することもできるだろう。でも、もっと興味深いのは、どうやってペーターがそのことを知ったのかということだ。それとも、単なる当てずっぽうだった？ 何かありそうだぞと踏んで、はったりを言ったのか？ それとも、僕に見えないところで何かが起きている？

報告書の役目は、情報の伝達だけではない。そのほかに情報員およびV人材の安全を守るという意味もある。課長はすべての報告を読み、重要なものは部長や作戦安全課の同僚も目を通す。現状では、ティホフとウラジミールの件に関する報告書はすべて、大勢の人たちのもとに届いていることは明白だ。報告を読んだ人全員が、計画の次のステップに貢献する。これにより作戦プロセスが客観化され、ミスが入らないよう守られるべきだ、と公には議論されている。だが、そうすることによってプロセスはかえって複雑になるのではないか、という印象を僕はたびたび受ける。個人的には、かならず成功する作戦には、一貫性のある明確な筆跡が要ると僕は考えている。すぐれた書物、重要な企画、説得力のある草案などについても、それはいえる。料理人が多すぎれば、粥は損なわれる、ということわざもある。課長は「何かをぶち壊したいと思ったら、企画グループをそれにつければいい」と言ったけれど、真実をついている。

情報局の活動の目的は、国家の安全、あるいはこのケースのように人命を守ることにある。そのために監督機関がもう一つあるのは、もっともなことだ。異なる意見や信念から生じる摩擦とは、何とかしてうまくやっていくほかない。

だが、ティホフは僕のV人材なのだ。彼の安全を最優先にしなければならない。ところが、部長にとっては二の次でしかない。部長には優先すべき企画がほかにあるからだ。

信頼と裏切りからなる繊細なシステム

ブランデンブルク門のそばにあるホテル・アドロンの裏口で、同僚のヨハネスと落ち合った。簡単に挨拶し、情報局本部のエレベーターで一度会ったことを確認した。それからホテル内を通過し、ホワイエを通って外に出た。会談を終えた二人のビジネスマンが、新鮮な空気を吸いに外に出る、というふうに。ブランデンブルク門の脇を通り、信号が青に変わるのを待つ。それから六月十七日通りに面した大きな動物園に沿って歩く。ヨハネスもザビーネから重要な情報を得ていたので、僕らはすぐに本題に入った。

「君はウラジミールのところにV人材を置いているそうだけど、僕のが誰か、知っているかい？」と、僕は質問した。

「いや。ついさっきまで、情報源がもう一人いることすら知らなかった」と、ヨハネス。

「僕もだ」

しかし、それは珍しいことではない。情報源保護は諜報活動の基礎なのだから。ヨハネスは、ティホフのことに気づくはずはない。彼のV人材がティホフについて語るとすれば、偽名ではなく、本名のボリス・Iを使うだろう。たとえば、ボリス・Iがミハイルの口を殴ったという報告を彼のV人材から受けたとしても、そこからボリス・Iがティホフという名で情報局と協働していると推定はできまい。推定できるとすれば、すべての情報を受け取る案件統合評価員のザビーネくらいだろう。といっても、ティホフがミハイルを訪れて驚かしたことを、ザビーネが知っていればの話だ。

諜報活動においては、二人のV人材がたがいに知らずにもう一人のことを報告するのは特殊ではない。情報を最大限に得るためであれば、僕らは一つでもチャンスを逃すことはない。だから、二つの目と二つの耳よりも、四つまたは六つの目と耳に頼りたい。情報はすべて、漏れないように守られなければならない。さらに、情報局の非公式社員である彼らが正直に報告しているかどうかをテストすることにもなる。というのも、自分の活動範囲内にほかにも情報源がいるかもしれないと意識するV人材はまずいないからだ。それは、好都合でもある。V人材は、もしかすると何らかのことについて解釈し始めるかもしれない。それは、その人の知覚に影響を与えるので、情報は改変される。僕らは解釈には興味がない。僕らが求めるのは事実なのだ。

ウラジミールのところに別のV人材がいるという情報をティホフに与えれば、どうなるか。そればかりか、情報技術専門家であるなどの詳細情報を与えれば、それは終わりの始まりを意味することになる。そいつは自分のことを含め、いろんなことを知っているだろう、とティホフは考える。信頼と裏切りからなる情報局の繊細なシステムでは、自分が提供する情報が自分に害をもたらすことはない、と情報提供者が百パーセント信用できなければ機能しない。信用が崩れれば、その瞬間から情報源は枯渇する。何を訊いても知らない、忘れた、で通されるだろう。完全な記憶喪失。V人材がほかのV人材について知らされることは決してないのは、そのためだ。さらに安全を期すため、V人材リーダーも、担当外のV人材についての情報を得ることはない。

ただし、緊急の事態が生じた場合には、例外となる。今回のケースのように。

僕は、ヨハネスに情報を与えることにした。

「僕のV人材は、iPad を交換するという任務を受けていた。ところが、それが発覚したんで、大変なことになっている」

「それで、僕に何ができる？」と、ヨハネス。

「君のV人材は、ウラジミールの執務室に入ることはあるか？ iPad を見つける、というのは可能か？ 偶然にだ。それはソファのどこかにあるはずなんだ。クッションのなかに隠れて。iPad が見つかって、君のV人材が何もしなくてすめば、それに越したことはない。ただし、迅速な対応が必要なんだ」

「オリジナルは、手に入れたのか？」とヨハネスが訊いた。

「そういえるだろう」

ヨハネスは、事情についてそれ以上の質問をしなかった。彼はプロだ。情報は必要最小限。僕がヨハネスに、iPad に施した細工などの詳細を話さなかったのもそのためだ。四十代半ばのヨハネスは、作戦行動の経験も長い。どのようなつながりがあるか、考えればわかるだろう。

「僕のV人材がサーバールームに出入りできることはたしかだ。監視カメラの写真もそこに送られる。運がよければ iPad のありかを見つけられるかもしれないな」

「僕もそんなふうに考えていた」

「うまくいくと請け合うことはできない。僕のV人材は、君のとくらべるとまだまだだからね」

「じゃあ、ウラジミールの執務室には、怪しまれずに入れるか？」

ヨハネスはかぶりを振った。

「いや。あそこの守りは固い。フォートノックスなみだ。それは君も知ってるはず。複数のカメラが設置されているし」

「監視カメラを短時間ストップさせることは可能かな？　十分か十五分。どこかが故障して……人目につくかな？」

「それはたぶんむずかしいんじゃないかな。でも、確認を取る」

ヨハネスは少し考えてから先を続けた。

「こうしたらどうかな。ほら、僕のV人材はウラジミールのネットワーク担当だろ。どこかで故障があれば、彼が呼ばれて処置する。だから、ウラジミールのコンピュータのどこかで何らかの問題が生じれば……」

「それはいけそうだ」僕は頷いた。

「それなら、なかに入れるわけだ……ちょっとしたネットワークの支障なら問題なく起こせるから」

「じゃあ、彼はなかに入ることができる。でも、おそらく一人ではあるまいな」

「ああ、たぶんな」とヨハネス。

「執務室に何かを持っていって、ソファの上に並べる。そのとき偶然にiPadを見つけて、これは何かってウラジミールに訊くって可能性はありそうだな」

僕は、考えをそのまま口にした。

ヨハネスは笑みを浮かべた。

「ここから取りのけないと、誰かが上に座ることになる、がモットーだな」

僕はさらに糸を張り渡す。

「iPadを見たウラジミールは、ああ、ここにあったのか、と思う」

「で、君のV人材の問題は解決ってわけだ」

ヨハネスが話を結んだ。

悪くない計画だ。簡単すぎるくらいかな？　だが、僕の経験からいうと、簡単きわまりない解決策が成功に通じることがけっこうある。とはいえ、ヨハネスのV人材ノヴァクは育成段階にあり、適性は未確認だ。ザビーネによると、彼からの情報でこれまで最も興味深いものは、ゴミ箱から拾ったという。不注意に捨てられた書類をゴミ箱から取り出すのと、これから与える任務とでは、難易度が違うのだ。

「彼に状況をコントロールできると思うか？」

僕は考えながら訊いた。

「それはこれから見せてもらおう。どのみち彼とは新しい段階に入る時期だから」

盗聴記録

「HQでミーティング」

携帯電話のディスプレイに表示された。ザビーネからだ。HQは情報局本部を意味する。

すぐに次のメッセージが届いた。

「部長にできるだけ近づかないこと」

続いてウィンクするスマイリーと赤いスマイリー。赤いのは、両目を閉じ、額にしわを寄せ、頭から湯気をたてている。ザビーネが僕に何を言いたいのか、さっぱりわからない。

「何があったの?」

三十五分後、ザビーネに指定された通訳室に着くなり、僕は尋ねた。

「最悪事態よ。ティホフがウラジミールに電話をかけたの」

「それはすごい」

僕は言った。何といってもそれが彼の任務だったのだ。だから、ザビーネの次のコメントを不思議に思った。

「部長は怒り狂ってるわ」

ザビーネは、小脇に抱えた赤の書類ケースから盗聴記録を取り出した。「極秘。公式に極秘扱いとする」「G10」。会話はロシア語だったので、次のように翻訳されていた。僕は記録に目を通す。

電話監視記録
回線番号　1974
回線所持者　ウラジミール・ミハイロヴィチ・L
月日　十一月一日
時刻　十四時五分
受信電話

ボリス・I　俺、まだ生きてるぜ。
ウラジミール・L　げす野郎。何の用だ？
ボリス・I　いったい何が気に入らない？　言ってくれ。

ウラジミール・L　それはわかっているはずだ。
ボリス・I　夜の夜中に子分を送りやがったな。
ウラジミール・L　電話は駄目だ。電話は駄目だ。ばか者。

通訳者の注釈　これに続き、Bの話をWが何度も遮る。Bは話したいことがあるらしいが、Wは応じない。何度か言葉を交わした後、Wは別れの挨拶なしに電話を切る。

スタンダードなマフィアの行動だ。〝やばい〟話を口にする前に電話を切る。ウラジミール・Lとその周辺および彼の組織において、十五の電話回線が監視されている。ウラジミール・Lの所有する携帯電話は二個あり、一つは比較的広範囲の通信に使われ、もう一つは少数の側近との通信に限定されている。この番号は、数カ月前にティホフが報告してくれた。ウラジミールも部下たちも、電話ではきわめて用心深く話す。その点では、大部分の犯罪者と変わらない。麻薬、武器、経済詐欺などについて、堂々と話すことはない。カムフラージュ表現を使うことが多い。

たとえば、「オルガも来るのか?」と訊いたとしても、オルガという名の女性についてであるとは限らない。次回の納入では、積荷に麻薬も含まれるか、という質問のカムフラージュかもしれないのだ。こうした暗号の一部は、ここ数カ月間で解明された。たとえば、「それと、父が心からよろしくと言っていた」と言えば、それは緊急の度合いがすごく高いことを意味する場合もある。

僕は、読み進めた。

電話監視記録
回線番号　1974
回線所持者　ウラジミール・ミハイロヴィチ・L
月日　十一月一日
時刻　十四時六分
受信電話

ボリス・I　オーケー。
ウラジミール・L　何の用だ？　少しは賢くなったか？
ボリス・I　あんたのしていることは、すごい間違いだ。
ウラジミール・L　君には関係のないことだ。
ボリス・I　あんたのくそパーツ、俺のところにはない。

ウラジミール・L　私に何の用だ?
ボリス・I　あんたのiPad……。
通訳者の注　Wは電話を切る。

電話監視記録
回線番号　1974
回線所持者　ウラジミール・ミハイロヴィチ・L
月日　十一月一日
時刻　十四時七分
受信電話
ウラジミール・L　電話を切って、二度とかけるな。母親や息子のことを忘れたのか。
わかったな。
通訳者の注　Wは電話を切る。

電話監視記録
回線番号　１９７４
回線所持者　ウラジミール・ミハイロヴィチ・Ｌ
月日　十一月一日
時刻　十四時八分
受信電話

通訳者の注　すぐに留守番電話に。

ボリス・Ｉ　けったくそ悪いブタ野郎め。俺に……俺に立ち向かう気なら、早起きするんだな。やったやつの名前を今日中に教えろ。でないと、あんたのくそパーツを、明日にも警察に持っていくからな。夜十時きっかりだ。場所はわかってるな。

通訳の注　Ｂはひどく興奮している。

　僕は、書類を持つ手を下ろした。
「このあと、さらに五回、電話してるわ。でも、留守電だったんで、メッセージは残していない」

ザビーネが補足した。

「そうか。言いたいことが言えなかったんだな」

部長がかんかんになるのも、これで頷ける。

「言いたいことって？」

「ウラジミールに電話して iPad のありかを伝えるようにって指示したんだ」

「じゃあ、何か誤解したのね。ウラジミールに電話して、iPad のことで脅迫するなんて」

「はなから脅されたからじゃないかな」

僕は、V人材をかばった。彼のしたことは狂気の沙汰としか思えなかったけれども。

時計に目をやる。

「あと三十時間だな。明日の夜十時まで」

「二十八時間よ」

と言うと、ザビーネは一枚の紙を差し出した。携帯メッセージのメモだった。

電話監視記録

回線番号　１９７４

回線所持者　ウラジミール・ミハイロヴィチ・L
月日　十一月一日
時刻　十四時二十分
送信メール

ウラジミール・L　夕食に来るんだ。私の持ち物を持参すること。明日二十時に、いつものベルクで。W.

「これで全部よ。このメッセージが最後だったの。物々交換ね。ティホフは友人を殺した人の名前が知りたい。ウラジミールのほうはiPadを取り戻したい」

最悪事態。さっきザビーネが言ったっけ。まったくそのとおりの心境だった。凶報の連鎖はまだ切れないらしい。ポジティブ思考の巨匠を自負する僕も、気がつくと沈んだ気持ちになっていた。ティホフのやつ、なんてばかなことを！　ふだんなら、活力と行動力を僕は好む。でも、いまは控えめにしてほしかった。こんな調子が続いたら、僕だってロシア語の悪態を吐きたくなる。これまでその悪態は十分耳にしたし、映像も見た。そうする機会だってたっぷりあったのだ。

犯罪者は電話では用心して話すが、それでも行間から何かが読み取れることもある。だが、この場合はその必要すらない。ティホフはウラジミールに取引を申し出たのだ。名前を言えば、データを渡す、と。彼はマフィアのボスを脅したわけだ。ピストルを胸に突きつけられるのには慣れていない相手だ。そんなことに甘んじるわけがない。そうか、わかったぞ。それで彼はiPadをすぐに渡そうとしなかったんだ。ウラジミールに圧力をかけるために。これは、ティホフの死の宣告を意味するのではないだろうか。

通訳の女性に同席してもらい、ザビーネと僕はオリジナルの音声記録を聴く。電話をかけ直すたびにティホフは次第に強気になっているが、正気を失ったのは、母親とミロが話に出たときだった。

僕はザビーネに言った。

「命はないぞという脅しと理解したんだろうな。直前に親友を殺させた男だから。挑発だな。無力感。どうしていいかわからない。相手の思いのまま。それで、荷重が限界に達して、プツンと切れた」

ザビーネは片方の眉毛をつり上げた。

「情報員マニュアル四百二十六ページ、一段一節、心理的戦いのリードの章」

彼女の声は真剣だ。

「話を聴いてあげるほうがいいんじゃないかしら」

「そのつもりだ」

と答えてから、僕はもう一度ティホフを擁護した。

「それでも彼は僕の指示に従おうとして、ウラジミールに電話をかけたわけだから」

「そうね。でも、残念なことに申し合わせとは違うことをしたわよね」

それは事実だった。

待ち伏せ

車に戻る途中、中庭でペーター・Sに呼び止められた。

「ヨハネスによると、情報源ノヴァクから最初の連絡が入ったそうだ。監視カメラは二十秒に一回、写真を撮る。ティホフがiPadを手にしている写真は二枚だ。だが、iPadであることを知らなければ、本か何かと思うかもしれない。ティホフがiPadで何をしているかは、映像からはわからない」

「そうか。わかった。だけど、なぜヨハネスは君に連絡を取ったのかな。僕やザビーネでなく」

「彼とはたったいま、別の件で話し合ったところだ。それで君に会ってくれと頼まれた」

ペーターは早口で一気に言った。棒暗記した台詞のように。何かおかしい。いや、だんだん事情がわかってきたぞ。

一昨日からペーター・Sがしょっちゅう僕の前に現れるのだ。彼の案件や彼のV人材とは関係ないところで。どうして彼が知っているのかと思うようなことを知っている。いつも最新の情報を持ち、自分の任務の範囲外の知識をちらつかせる。あ、そうだったのか……僕は不意に悟った。作戦安全課はペーター・Sを秘密の特殊捜査員に任命したのだ！　いままでそのことに気づかなかったとは不覚だった。

このくらいのスケールの出来事では、安全のために底を二重にする。広範囲にわたる能力を持つ捜査員を第二の監視および管理機関として設ける。彼が内輪のことを知っているのも、これで頷ける。ティホフが襲われて以来、僕の職務上の通話は盗聴されていると考えてよさそうだ。ティホフのも含めて、すべての通話なのだろう。

危険な状況では、安全を期すのが情報局のやりかた。これまでは、僕が特殊捜査員として何度か動員され、同じ方法で任務を果たした。だが、疑問なのは、捜査員ペーターは僕に協力しているのか、敵対しているのかということだ。

彼は僕の報告を取り上げ、僕が規則に従っているかを問題視した。だけど、具体的なことがらに触れたわけでも、具体的な任務を与えたわけでもない。特殊捜査員ならその権限があるばかりか、義務でもある。そのためには彼の任務を明かして、オープンに僕と話すはずだ。ところが、そうする代わりに彼は僕の報告を調査した。この段階ではティホフの安全を最優先にして、すべての方策を一つにまとめるべきだというのに。

僕の頭のなかで警鐘が鳴り出した……いや、耳が裂けそうな轟音だった。情報局で報告と事実を比較するということは、存在するか、それとも見せかけか、ではない。存在するか、しないか、という問題なのだ。最終的には一人の情報員が除外される。それが僕なのか？　ある企業で社員一人を解雇することになり、労働審判に耐えうる理由が見つからない場合、まずは出張経費にルーペを当てるだろう。ここには何かしら見つかるものだ。でなければ、こしらえるか。スタンダードなやりかただ。落ち度があろうがなかろうが、違反行為を実証できようができまいが、そんなことはどうでもいい。経費精算では、つまずくこともあるものなのだ。そうしたら、軽い賠償ではすまない。手痛い打撃をこうむるだろう。

脈絡が少しずつ見えてきた。問題となっているのは、事件の解決でも僕のV人材の安全でもない。僕とペーター・Sなのだ。彼は、最初のころから僕のV人材に目をつけていた。僕が最優秀V人材を二人持っているのに対し、彼の情報源はみなCクラスなのだ。情報員としての能力が劣っているわけではない。対処のしかたは異なるとはいえ、彼の専門能力を僕は高く買っている。おそらくこのところ何度か、運が僕に味方してくれたのだろう。担当するV人材によって社用車も変わる。フェラーリだったりフォルクスワーゲンだったりするわけだ。

ティホフのような最優秀V人材は、ステータスシンボルともいえる。ペーター・Sは、僕をティホフから外してその後釜に座りたいのだ。それで特殊捜査員としての権限を自分自身の陰険な目的のために利用している。僕はたった一度、報告書にない任務を電話でティホフに与え、絶対不可侵の情報員ルールを破った。それで早くも苦境に立たされている。基本的に電話では待ち合わせの約束しかしない。大変なことになった。次のティホフとの面談のとき、部長はペーター・Sに付き添いを命じるだろう。そのくらいは予知能力がなくてもわかる。これで彼はドアのあいだに片足を突っ込んだも同然ではないか。僕の最高のV人材への入口に。だが、これは僕にとってはステータスの取り合いではない。ティホフの命がかかっているのだ。ペーター・Sはそれを犠牲にすることすら厭わないらしい。

陰謀家——陰険な感情爆発テロリスト

陰謀家が相手の場合、ほかのどの感情爆発テロリストの場合よりも早急な対応が求められる。すばやく認識し遮断する必要がある。でないと、見えないところで彼らが紡ぎ出す策略の糸は、解けなくなるかもしれないからだ。犠牲者は往々にして敗北する。というのも、陰謀家には記憶力抜群という特徴があるからだ。そのうえ根に持つ性質がある。どんなに些細な侮辱でもすべて保存して、あとでつけを返す。百倍の強さにして返すことも稀ではない。また、周囲の人たちの弱点もすべて記憶する。いつかそのうちに取り出して、大小の術策に使うつもりであるかのように。

陰謀家は情報を操作する。彼らが得意とするのは、噂を巧みに振り撒き、情報を適所に使ったりしまっておいたりすることだ。しかも、ほんと半分うそ半分、下手をするとあからさまな嘘を使うこともはばからない。ほんとのことだと口では言っても、目印をつけたいかさまカードでゲームを進める。とんでもなく誇張するばかりか、そのやりかたがあまりにも巧妙なので、人々はなかなかそのことを見抜けない。彼らの持つ戦略能力が高ければ高いほど、策略も繊細に織られていて、見透かすことが不可能に近い場合もある。それが彼らの狙いでもある。なぜなら、同じ土俵に立てば勝ち目はないと知っているから。

彼らのなかには、劣等感に悩む人が多い。そのため、相手にすれば負けるだろうと感じる人と面と向かって対決することを避ける。それゆえ、当然のことながら、勝つための別の方法をとる。一度くらいは勝ち組になりたいからだ。策略、姦計、きたないトリックを使って世の中を自分の望むとおりに変えるために、あらゆる手を尽くす。フェアなやりかたで達成できないなら、ゲリラ兵となればいい。

噂を撒くのが大得意な彼らは、気にくわないライバルを噂でやっつける。陰謀家は光を嫌い、見えないところで糸を引いて相手を罠にかけようとする。ちょっぴり人形遣いにも似ている。けれども、犠牲者は、陰謀家の糸にかかっていることにまったく気づかないことも多い。陰謀家は、ほかの人たちよりたくさんのことを知っているというメリットを持つ。それもそのはず、自分が噂をその筋に流したのだから、その効果に驚くわけがない。彼らは自分の態度行動から力を得ている。物事の本当の成り行きを知っているのは自分だけなのだ、と。けれども、実際にはこうした陰謀のせいで孤立化する。陰謀を自慢するわけにはいかないからだ。

陰険な人はたぶんに、恵まれない子供時代を過ごしている。愛情に乏しく悪意のある雰囲気のなかで育った。両親から強く批判されていたのかもしれない。あるいは、たがいに隠しごとをする家族のなかで育ち、率直に意思を伝達し合うことを学べなかった、という場合もある。そのことを、彼らは巧みに隠してしまう。表向きはたいてい親切で協力的なので、この人が陰謀を企むとは誰も思わない。けれども、親切な態度は陰謀家にとってメリットがある。相手が傷口を少しも隠そうとしないので、すばやくそこを突くことができるからだ。こうした周囲の人たちの弱みを、陰謀家は恥じらいもなく利用する。心地よい会話を装って人々の話に耳を傾け、そこから計画的に罠をしかける。発覚したら、もちろん何も知らないふりをして、よりによって自分にその罪を着せるなんてと、と憤慨する。

この種の感情爆発テロリストの場合、その意図がわからない。怒鳴るでもなければ、愚痴を言うのでもない。理解に苦しむ。まるで霧発生装置のスイッチをたえず入れているような存在だ。隠蔽と言い訳にかけては、右に出る者がない。そのため、用心する必要がある。陰謀家という「精神かく乱者」は、相当なダメージを与えかねないからだ。

陰謀家の思うつぼにはまるのは、どんなとき？

○そのまましばらく好転化を待つ

まずはそのまましばらく待つ、というのは、とっさにいい案に思われるかもしれない。というのも、しばらく摩擦を避けることになるからだが、最良策ではない。いつもすごく愛想よく挨拶してくる人が、自分のいないところで自分のことをひどくけなしていたと知って、大ショックに陥ることもある。そうなると、相手の思うつぼにはまってしまう。このような状況で、何もせずに好転化を待つわけにはいかないので、早急に対処すること。もっとひどい状態になる前に。

陰謀家を阻止するには

○対決—攻撃に出る

誰かが自分についてありもしないことを主張している、問題のある情報を広めている、陰謀を張りめぐらせている、といったことを知ったら、どうしたらいい？ その場合は、強い態度に出て、即座に行為者と話をつけること。賢明な戦略を練り、第三者を交えずに相手を戒めるといい。そうすれば、相手は面子を守れるし、とりあえずは状況のさらなる悪化を防ぐことになる。ただし、冷静さを保ち、いきり立たないようにしたい。

「ダヴィッド、君とは昨日まで公平かつ率直につきあっているという印象を持っていた。ところが、こんなことが耳に入った。……。これは許容できない」

もっと辛らつな言いかたをすることもできる。

「ダヴィッド、僕は○○しかねない人間だ、とベアーテに主張したそうだな。そんなことがあっていいものか。○○が君のやりかたに合わないのなら、次回は僕に面と向かって直接話してくれ。わかったな」

○陰謀家に警告する

対決するだけでは不十分なこともある。その場合は、警告する。

「ダヴィッド、XYさんに僕のことを○○だと主張したそうだが、あってはならないことだ。もう一度そんなことがあったら、あなたがこれまで知らなかった僕の性質を知ることになるぞ」

このとき、実行可能な脅しを使うこと。そうでないと相手はあなたの言葉を信じない。ただし、陰謀家や陰険な人間は言い逃れの達人なので、注意を要する。相手の巧みな言葉で気勢を失い、言いくるめられないようにしたい。

「そんなことを言ったおぼえはない……」

「それは……という意味で言ったのだ……」

「すまんな、それはXYの完全な誤解だ……」

○同盟者を探す

〝一人で行動する者は、真っ先に死ぬ〟というのは情報員の常套句。そこで、チャンスさえあれば、陰謀家の行為をやめさせるための同盟者を探すこと。大きな幸運に恵まれれば、犯行の現場を押さえることができるかもしれない。そうすれば、陰謀家が考えていたよりもすみやかに陰謀は解明される。

○レッドカードを提示する

こうした方法でうまくいかない場合は、レッドカードを提示し、陰謀家を避けるほうがいい。徹底して避けること。なぜなら、策略を弄する陰謀家は実に大きなダメージを与えかねない。陰謀家とくらべると、ほかの感情爆発テロリストの「神経キラー」たちは無害ともいえる。陰謀家が撃つのは空砲ではなく、実弾の入った武器なのだ。

サポート――出口戦略

すでに述べたように、相手が陰謀家の場合はすばやく見破り、早急に対処することが重要だ。小さな噂が大きな問題となってしまう前に。次の方法を使って、あなたの陰で発せられる嘘を萌芽のうちにもみつぶそう。

○攻撃に出る。好転化を期待して待ってもどうにもならない。

○面と向かって話し、警告を発する。
○証拠を確定する。
○同盟者を探す。
○予防策1　心配事や問題について話す相手に気をつける。
○予防策2　噂話をしない。ほかの人のことを悪く言う人は、犠牲者となりやすい。

『情報員マニュアル』より――〝聴く〟という攻撃法

盗聴は銀の価値、傾聴は金の価値であることを、情報員は知っている。相手は、それと気づかずにたくさんの情報をあなたに与えている。語ること、語らないこと、態度。とくに、どんなことに対していらいらするか、といったことによって。

傾聴は、ほかの人たちがどう考え、どう行動するかを理解する橋渡しとなる。行間を読み取るとき、情報員は調和に最大の注意を払う。相手の発言は、行動や態度と調和しているかどうか。相手の話す内容が何であったとしても、まずは真実を考える必要がある。その人の真実、物事に対するその人の見地。思考はすべて情動につながり、情動はかならず身体の反応として現れる。本人が知ろうが知るまいが、望もうが望むまいがおかまいなしに。それは起こってしまうことなので、抵抗はできない。たとえば、レモンをかじると想像すれば、口のなかに唾液が出てくる。つまり、たった一つの思考が体内に生化学的プロセスを起こすことが、ここからわかる。

いろいろ試してみるといい。大好きな人のことを考えたときのあなたの外見は、いやでたまらない「神経キラー」のことを考えたときとは違う。違いはわずかであり、おそらくあなたはその相違を言い表せないかもしれない。それでも違いは存在し、僕らはそのシグナルを無意識のうちに評価している。〝ミクロシグナル〟と呼んでもいい。そして、相手が友好的であるかどうかを評価する唯一の材料がこれなのだ。相手は有能か？　自分は相手と関係を持ちたいか？　相手の言うことを信じるか、信じないか？　言葉と行為が調和していればすべて合致するけれど、調和していない場合は警報が鳴り出す。そうなると、よく考え、問い直さなければならない。疑念がある場合は、安全を期すこと。

積極的に耳を傾け、相手のボディランゲージを意識的に感じ取ろう。次のポイントを読み取るようにする。

○相手の本当の意図は何か？
○相手の言うことを信じられるか？
○相手は何に対して不安を抱いているか？

○相手にポジティブな意図があるとすれば、それは何か?
○相手の自分に対する態度はどうか?

最終的にあなたの得た認識を念のために確認しよう。

○つまり、あなたの考えは……なんですね。
○あなたの意図は、つまり……。

観察によってとりわけ多くのことを読み取れるのは、周囲の状況を変化させる重大な決定を相手がするときや、相手がプレッシャーのもとで反応しなければならないときだ。それは、本心が表出する繊細な状況。本当の考えが暴露され、見せかけの背後にある真実が認識できる状況だ。このような瞬間には、表向きの態度が調和しているかどうか、とくに注意して見究めること。調和していれば、すべて合致する。不自然なところがあれば、要注意!

情報員は、このようにして感情爆発テロリストを無力化する。そのなかでも陰謀家は最たるものなのだ。

不法侵入

その夜遅く、ハンブルクにある彼のホテルの前でティホフと落ち合った。車でアルスター川のそばの小さなバーまで行く。ティホフはまいっている様子だった。かなりひどいと言ったほうがいいかもしれない。走行中に彼は二度電話をかけて、部屋にこもっているのがもう我慢できない、と言ってきた。ふだん人々に囲まれている彼は、いいかげん爆発寸前の状態なのだろう。彼がこと細かに描写し始めると、僕はすぐに遮った。

「ウラジミールと話したのか?」

「ダー」ティホフは母語で答えた。

「で、どうなった?」

「最初はすごくよかった。それから、駄目になった。俺は訊いたんだ。あんた、何しやがるってな。俺のところってのは、間違いだぜ。あんたのパーツは持ってないって。

そしたらあいつ、腹立てやがって、切られた」

「それで彼はいま、iPadのある場所を知っているのか？」

「切りやがった、あいつ。それで、出なかった。留守電。で、切った、俺も。で、留守電に話そうと思ったら、完全に切られた。留守電も出ない」

「わかった」

僕は視線を空に浮かせて、川水の上方を見つめた。

「それで、いまは？」

「ああ、まだだぜ。ったく」

ティホフは僕に面と向かって嘘を言ったわけではないかもしれない。だが、真実の重要な部分を話さなかった。もしかすると、これから話すかもしれない。ここで追及しないほうがいいだろう。電話監視から得た情報は、後で価値が上がるということもある。

「iPadが手に入るまで君のそばを離れないように、と上司から指示を受けた」

僕はティホフにでたらめを言った。プレッシャーを与えてティホフの反応を見たい。僕がそばにいては、明日ウラジミールを訪ねることはできまい。

ティホフは表情を変えることなく、

「なら待つんだな。長いことだ。そいつは俺んとこにはない」と言った。

「だが、君は持っていた。いまはどこにある？」

「すごーく安全な場所にある」

落ち着いた口調でティホフは言った。それだけでも前進といえる。これまでiPadについては、役立つことは何一つ語らなかったのだ。訊かないでくれ、と何度か僕に頼んだほどだ。道は間違っていないらしい。とはいえ、目標ははるか先だ。僕らの協働関係がすでに長いということを思い出させるために、僕は言った。

「なぜ僕を信頼しないのか、理解できない。協働を始めてから何年になる？」

ティホフは少し考えてから、「二年かな？」と言った。

「もうすぐ三年だ。どぎついこともあったよな。何度か苦境もあったけど、いつも解決を見つけた。すべての件についてだ。僕は君に対していつも誠実だった。君には、親友に対してと同じようにアドヴァイスしてきた。出会った日からずっと、僕らは同レベルで接してきた。僕らの考えかたが大きく違っているにもかかわらずだ。僕が君を見捨てたことが一度でもあったか？」

僕は、沈黙を期待していた。が、驚いたことにティホフはすぐに答えた。

「いいか、レオ、信頼がどうのっていうんじゃない。俺、あんたのこと、信頼している。それはわかっているはずだ。だけど、方向が変わっちまったんだ。俺たちの目標は同じじゃない。だからうまくいかない。だけど俺、あんたを騙したりしたくないから、何も言いたくないんだ」

　僕がティホフに好意を抱くのはここなのだ。彼はごまかしたりせず、率直にものを言う。はっきりした方針がある。

　それは最初から変わっていない。通常なら彼の考えを理解できるが、現状ではそうはいかない。僕のほうが弱い立場にあることは明らかだ。iPad のありかを無理やり聞き出すことはできない。

「では、君の目標は？」と僕は訊いた。

「イゴールを殺したやつを突き止める」

「それから？」

「そのときになったら、わかる」

　激怒しているふうはない。落ち着いていて真剣な調子で、声はかすれ気味だ。僕は胸騒ぎをおぼえ、唾液を呑んだ。ずいぶん前から感じてはいた。だが、ティホフが口にしたいま、それは現実味を帯びたのだ。これまでにも一度、こうしてV人材を失ったことがある。はっきりと自覚しながら破滅に向かって大股に進むことを決心したために……。

「一つだけ、僕の頼みを聞いてほしい」と僕は言った。

「約束はできないぜ」

「バカなことをする前に、電話を入れてくれ」

僕は、ティホフの目の奥を見つめた。右手で彼の上膊に触れ、強力な二つの言葉を言い添える。

「明日の晩だ」

意味の深い沈黙。ついさっきまでの落ち着きは失われた。ウラジミールとのアポのことをどうして知っているのか、と考えているのだろう。明日の夜八時。

「ホテル」

それが、ティホフが口にした唯一の言葉だった。十二時少し前に車がホテルの前に停まると、ティホフは挨拶もせずに降りた。

僕は小声で、

「ウラジミールに復讐するつもりなら、僕に情報を渡してくれ」と言い添えた。

それから十分後、ティホフと同じホテルにチェックインしようとすると、あいにく満室だった。さいわいなことに、二つ先の通りのホテルに空室が見つかった。

「誤解を生むことなく目的志向的かつ包括的に異文化間コミュニケーションをおこなうには、観点を変える必要がある。異なる文化に自分を置き、相手の知覚や思考や言語を把握し、相手の気持ちになって考えることができなければならない。観点を変えるというと、

何の害もないように聞こえるが、実は人間の思考および感情移入能力にとって最もむずかしい課題である」

『情報局心理学第五巻』より

信頼はよい、しかし統制はさらによい

目玉焼きの残りがのった皿を前方に押しのけ、ノートパソコンを開く。午前七時十分。至急に報告書を書かなければならないので、朝食を部屋に運んでもらった。そうたやすくペーター・Sの思いどおりにさせるつもりはない。「情報源報告書――機密文書――情報源保護」のフォルダを開く。と、そのとき情報局本部用の携帯電話が鳴った。「非通知」と表示されている。通話ボタンを押す。信じられないことに、ハンブルク刑事警察署のセーレンバウアーだった。

「やあ、どうも」と相手は言った。

何があったんだろう？　彼の執務室で会ったときのことで、よい記憶は残っていない。それでもいつの間にか僕のことを同僚として受け入れたらしく、ラフな口調で話しかけてくる。最初からそれがふつうだったかのように。適切な方向への第一歩ではある。だが、自由意志でそうしているのか、それとも必要あってのことなのかは、ど

うでもいい。

「ソニア・ヴィルヘルムの住まいに昨夜空き巣狙いが入った。君、説明できるかい？」

何てことだ。もちろん説明できる。だけど、それは僕だけじゃない。

通話を終えて三十秒としないうちに、また呼出音が鳴った。今度は課長からで、電話会議にいまつないだと告げ、続いて最上位の部長が話を受け継いだ。ペーター・Sが正式な特殊捜査員の機能を果たすことになったと発表し、ペーター・Sに代わる。やっぱりそうだったか。みぞおちを一発殴られた感じがする。テレビ会議でなくて助かった。

「どうやら君のV人材が隣人の女性のアパートに不法侵入したようだな。iPadがずっとそこに隠されていたことは間違いあるまい。犯罪学を学ばなくてもそれくらいはわかる」

僕がひと言も言わないうちに、部長の頭に血が上ったようだ。僕は電話を耳から少し離した。

「いったいどこに目をつけているんだね。銃声のあとで気が触れたように隣人のアパート内を歩き回ったというじゃないか。全室に行って灯りをみんな消したのちに窓から外に逃げたんではなかったか？　別れの挨拶をしに戻ったとでも思ったのか？」

課長がそこで言葉を差し挟む。わざとらしく落ち着いた声だ。

「レオ、われわれは戦略を固めた。ティホフとの次の面談のときは、私が付き添うことになった。十五分後に出発して君のところに向かう」

ペーター・Sが語気鋭く補足した。

「課長が到着するまで、ティホフと接触しないことだ。会わないし、電話もしない。彼が電話をかけてきても、取らないこと」

「では、すぐに行く」

課長は会議を打ち切った。僕の読みが正しいとすれば、ペーター・Sが僕を脅すという最悪の事態を避けたのだろう。僕の監視としてペーター・Sが派遣されなかったのは、本当にラッキーだった。僕のいまの状況はとても楽観的とはいえないが、それをさておいても、ペーター・Sの説が正しいかどうかを検討しなければなるまい。徐々に全体像が見えてきた。ティホフはいったいどうしたんだろう。彼個人の危機が大きすぎたから、僕と会ったあとで隣人のアパートに侵入したのか？　ソニア・ヴィルヘルムのアパートに押し入る者はほかにいないではないか。ティホフがあそこにいたことを知っているのは、警察と、僕ら情報局の人間と、本人だけ。暴走状態にある僕のV人材は、次に何を企んでいる？　昨夜ソニア・ヴィルヘルムのところから取ってきたiPadを、本当に今晩八時にウラジミールに渡すつもりなのか？　殺し屋の名前と引き換えに？　そんなことをすれば、確実に消される。それは彼もわかっているはずだ。

部長の言葉が無限ループのようにくり返し脳裏に浮かんだ。〝銃声のあとで気が触れたように隣人のアパート内を歩き回ったというじゃないか。全室に行って灯りをみんな消したのちにアパートの窓から外に逃げたんではなかったか？　別れの挨拶をしに戻ったとでも思ったのか？　いったいどこに目をつけているんだね……いったいどこに目をつけているんだね……〟。さらにペーター・Sの言葉が……〝iPadがずっとそこに隠されていたことは間違いあるまい。犯罪学を学ばなくてもそれくらいはわかる……わかる……わかる……〟。

何てことだ。たしかに僕はヴィルヘルムに、母と娘の両方に質問した。ティホフが何かを置いて行かなかったか、と。二人の答えによると、リュックサックだけだった。ティホフは二人に何も言わずにiPadを隠した。だが、警察署の証拠物件保管室にあるリュックサックには何もなかった。いまとなっては、誰もが知る事実だ。

知ったかぶり屋――利口ぶる感情爆発テロリスト

知ったかぶり屋は、ドイツ語では〝よりよく知っている人〟と表現するが、これはお世辞にも近い。どこに行こうが、どこにいようが、このタイプの人たちは自分の意見を披露する。賢明なアドヴァイスだと考えているのだが、たいていは人々をひどくいらだてている。というのも、テーマが何であるかにかかわらず、知ったかぶりは誰よりもよく知っているからだ。少なくとも、彼らはそう主張する。よく知っているからといって、それが正しいとは限らない。ところが、多くの知ったかぶり屋にとっては、それが重要なのだ。そのため、このタイプとのつきあいは不愉快きわまりないことが多い。

彼ら自身、実はよりよく知っているわけではないことがよくある。また、いわばアドヴァイスに対して耐性を持っている。というのも、正しいと思っているせいで自尊心が高まるからだ。物事をよりよく知っているので気分がいい。ほかの人たちを我慢の限界まで苦しめていることにはこれっぽっちも頓着しない。重要なのは、何でも知っているということ。ディスカッションにすっかりのめり込み、意味のないこと、本人にとってすらおそらくどうでもいいことのために必死で戦う。重要なのは、自分が誰よりもよく知っていること。自分の賢さをみんなに示すこと。

知ったかぶりタイプのなかには、実際にいろいろなテーマについてたくさんのことを知っている人も多い。彼らの知識はどちらかというと表面的だが、はったりをかけるのがうまい。話し相手が自分より豊富な知識を持つ場合でも、自分の意見を修正したり新たな知識を得たりすることには興味を持たない。批判されるのが苦手なので、相手をかつごうと試みる。相手の話をろくに聞かず、むしろ自分の知識をひけらかすことに余念ない。重要なのは話していることがらではなく、正しいと認めてもらうこと。事実、望みどおりになることもよくあるが、それはみんながうんざりしているためだ。「正しいと認めてやれば、それ以上煩わされずにすむ」というわけだ。

だが、本当にかなりの知識を持つ知ったかぶりタイプもいる。だが、その振る舞いかたや詳細にこだわった話しかたによって、すぐに正体がわかってしまう。典型的な知ったかぶりタイプは、よく知っているふりをする。しつこく傲慢に自分の意見を押し通し、ほかの意見を持つ人たちを見くだす。彼らには繊細な感情や気配りが欠けている。ほかの人に恥をかかせることも厭わないどころか、喜びを感じることすらある。重要なのは、自分のほうが少しよく知っていることなのだ。

このタイプが二人、社交の場で衝突すると、楽しいはずのパーティは楽しくなくなる。戦いの様相を呈することも稀ではない。このようにみると、このタイプはほかの人たちより優れていることを示せば称賛を得られると信じている、哀れな人間なのだ。そのせいで面目を失ったり苦境に立たされたりするのを好む人はいないのに、彼らはその点を見落としている。本当の知識よりも、容赦なく言い張ることによって、彼らはほかの人たちをそうした状況に追い込む。彼らは現実を見ていないのだ。

それが極端な形で現れれば、知ったかぶりタイプは精神を病むようになる。周囲の反応を解釈できなくなり、たとえば、いらだった話し相手が不快感を示したのに、自分を尊重して感激していると受け止めるようになる。このタイプは、劣等感を隠して自我をかわいがりたいのだ。すでに述べたとおり、あらゆる行動の背後には必ずポジティブな意図がある。知ったかぶりタイプも例外ではない。たとえよく知っているつもりでも、だ。

知ったかぶり屋の思うつぼにはまるのは、どんなとき?

○自分が正しいと主張する

知ったかぶりタイプの言うことを真に受けて、誰が正しいかをめぐる議論を始める。専門分野について争い、長短さまざまな論拠を次々と持ち出して説得する、もしくは証拠を示そうと試みる。あるいは、相手の論拠の欠陥や誤りを証明してみせる。こうしたことはすべて時間の無駄でしかない。知ったかぶり屋は最強の耐久力を持つ。本来のポジティブな意図が満たされるまで、つまり称賛を得たいという望みがかなうまで、あきらめることはない。

知ったかぶり屋を阻止するには

知ったかぶりタイプとつきあう方法についてのアドヴァイスはいくらでもある。だが、だいたいは反撃する、無視する、表面的に承認する、といったコミュニケーション関連のものだ。こうしたやりかたで知ったかぶり屋を阻止することはできない。相手はいわば称賛中毒に駆り立てられているため、常にあなたより優っていたい。だから、相手が欲するものを与えれば、うまくいく。

○正しいと認める

相手が信じたいことを認めてあげる。あなたの言うことは正しい。あなたはよく知っている。あなたは最高だ、と。正しいと認めてあげれば、あなたはもう煩わされない。一つの側面を承認してやれば、それで称賛欲が満たされることも多い。

「報告書の第一部は、実によくできている。ただし、第二部は詳細をもう少し省いたほうがいいかもしれない。というのも……」

こうすれば、いつかは知ったかぶりタイプをあなたの目標のために獲得できるかもしれない。重要な任務を与えること。そうすれば相手の自我はくすぐられる。

○専門性を称賛する
ある分野のエキスパートだという気持ちを相手に抱かせる。相手の知識が豊富なのはよいと考えていることを示せばいい。相手のことを、その意見もろとも受け入れている、と伝えよう。

「あなたは毎年十五以上の大きなイベントを計画しているのだから、内容はよくご存知ですね……」

○やんわりと批判する
知ったかぶりタイプが真実として売りつけようとしている誤りをそのままにしてはおけないという理由から、やむをえない場合は、やんわりと批判する。例として、穏やかにこう質問する。

「ベルトさん、犯行時刻における状況について、あなたの同僚が異なる評価をしている、ということはありますか？」

「ズザンネ、これについて、こうしたアプローチのしかたでも、目標に達すると思うか？」

○レッドカードを提示する

これらの方法でうまくいかない場合は、いつものようにレッドカードを提示して相手を阻止すること。あなたがいちばんよく知っているのだから、知ったかぶりタイプをできるだけ避けるようにする。

一つ疑問が生じる。知ったかぶりタイプをそもそも真剣に受け止めていいものだろうか。というのも、僕らがこのタイプとつきあう方法が示しているように、僕らが彼らを同等の仲間に入れるのは、彼らが見せつける優越性のためだ。だが、これはよい土台とはいえない。同等の立場で人々とコミュニケーションするのが望ましい。だが、場合によっては選択の余地はない。感情爆発テロリストなどの「精神かく乱者」をうまく扱うには、手管を弄するほかないこともある。彼らを哀れに思ったり、一人前とみなさなかったり、といったことだ。妄想にとらわれている知ったかぶりタイプについても、真剣に受け止めることはできまい。

とはいえ、一時の行動にその人全体を代表させてはならない。知ったかぶり、癇癪持ち、高慢ちき、といったタイプの人たちにも別の面がある。そのことをいつも思い起こすようにしたい。もしかすると、ほかの人たちからあまり高く評価されない側面があなたにもあるかもしれない。その場合、目を閉じてそれで通してしまう。ドイツ語で「片目を閉じる」と表現すれば、

「大目に見て（放置し）、罰を受けない」という意味だ。

サポート――出口戦略

あなたは、知ったかぶりタイプよりも、もっとよく知っている。だから、彼らとうまくやっていける。

○あなたの言うことは正しい、とできるだけ言ってあげる。
○ある分野のエキスパートだという気持ちを相手が抱くようにする。
○意見もろとも受け入れてくれている、と相手が感じるようにする。

『情報員マニュアル』より――傷口

傷口に触られると、人の行動は大きく変化することもある。そのことを情報員は常に意識している。そして、自分もそうした急所を持っていることを知っているので、そこを保護する。そうやって状況をコントロールし、ほかの人たちの利害の道具となることはない。

ここで疑問が生じる。僕らは、部分的にしか感じ取ったり制御したりできない、自動的に進行する行動パターンに左右されているのだろうか。僕らは予測可能なロボットのようなものなのだろうか？　ボタンを押せば決まった行動を取るロボット？　それとも、僕らの行動は選択の自由のもとにあって、自由に決定することができるのか？　実際は、この二つの中間のどこかだろう。上限に近いか、それとも下限に近いかは、僕らの省察の度合いによって決まる。

もう一つの事実は、誰もが傷口を持っているということだ。〝痛点〟とも呼ばれるこの部分が押されると、特定のプログラムが進行し、自分でコントロールしなくなる。弱体化して自分自身に負ける。状況について考察することなく、最初の思いつきに従う。次の瞬間にする行為を、のちになって深く後悔することがわかっている場合すらある。それなのに、ほかにどうしようもないから、そうする。たとえば、妻に「それ、ぜんぜん違うじゃない」と言われると、それまで完全にリラックスしていた癇癪持ちタイプの男性は癇癪玉を破裂させるかもしれない。そうするつもりはなかったとしても。

自分の痛点を認識するのは、情報員にとって困難な課題だが、それを除去するのはもっと難しい。相手の急所がわかっていれば、いくつかの状況で相手を制御できる。相手の弱みがわかれば、どうすれば行為を続けさせたり、あるいは激怒させたりできるかがわかる。だが、同じことは逆からもいえる。自分の急所を知っている者だけが、外から傷つけられずにすむ。

遅れてやってきた危険

一つの報告書にこれほどの時間をかけることはめったにない。攻撃の材料をできるだけ与えないために、一つひとつの表現をものすごく慎重に吟味した。そのあいだに課長から二度電話があった。高速道路A24、エルメンホルスト付近で渋滞に巻き込まれているという。報告書を保存したとき、電話が鳴り出した。表示されたのはハンブルク市内番号。〇四〇、つまり固定電話からだった。

「まあよかった。通じたわ。あなた、名刺をくださったでしょう」

僕の耳に轟く声の主が誰なのか、見当もつかない。

「よかったわ、ほんとに。あのロシア人、何度も電話してくるのよ」

「すみません、どちら様で……」

と言いかけたとき、僕は気がついた。エルフリーデ・ヴィルヘルム、ソニアの母親だ。

「ヴィルヘルムさんですね？」僕は確認した。

「ええ。あのロシア人が電話してきたの。ほんとによかったわ。娘をうちに連れてきて。どうしたらいいのかしら？　娘のところに来られては困るの。そっとしておいてほしいわ。娘は会いたくないって言ってるんですから。煩わさないでもらいたいの。こんなことが続いたんじゃ……」

「隣人のことですか？　何があったのか、具体的に話してもらえますか」

僕は相手に尋ねた。娘のアパートが侵入されたことを、母親はまだ知らないようだ。ちょっと不思議に思ったのだが、理由はすぐにわかった。

「電話のスイッチはみんな切ったし、もう出ないことにしたから」

この瞬間、ピンときた。トンネルの終わりに不意に光が見えた。僕の顔いっぱいに笑みが広がる。

「もしもし？」と、ヴィルヘルム。

「彼からの電話はいつでしたか？　それと、どんな用件で？」

「謝りたいって言うんですよ。まさかと思っちゃうわよね。ここに来たいって。つまり、ソニアのところですけど。ソニアはどこかって訊かれたわ。それと、すごく悪かったと思ってるって。まったく」

「それで、ソニアさんがどこにいるか、彼は知っているんですか？　あなたの住所を？　彼女はまだあなたのところなんですか？」

答えはない。

「もしもし、聞こえてますか？」

「ええ、その、いえ、私にはわからないわ。ソニアは知らないって言ってるけれど。いまじゃネットで何でも調べられるでしょう。私たち、どうしたらいいかしら？」

「僕、これからそちらに……」僕はここですばやく考え、「二十分後にはそちらに着きますから」と答えた。

電話を切ろうとすると、ヴィルヘルムはまだ話したいことがある様子だった。ひどく興奮しているのは、どうやらそのためらしい。息せき切った口調で彼女は言った。

「娘と話しているのがあの人だってわかったので、携帯電話を取り上げて言ってやったんですよ。ここヴァンツベクに来てほしくないって」

「わかりました。すぐにそちらに向かいます。僕が到着するまでは電話が鳴っても取らず、家のドアも決して開けないでください。それでは」

「危険なの？」

「大丈夫ですよ」

僕は穏やかな声で答えたが、請け合うことはできない心境だった。

大急ぎでチェックアウトして駐車場に向かう。〝四六 - 二証明書〟が必要となるかもしれない状況。遅れてやってきた危険。制限速度に配慮している場合ではない。iPad はソニアのアパートでは見つからなかったのだ。そこでティホフは、彼女の現在の滞在先である母親の住まいにあると踏んだ。住所を突き止めてそこに向かうだろう。僕は彼より先に到着しなければならない。時刻は午前九時三十分。ということは、ティホフがウラジミールと約束した時刻まであと十時間と三十分。ティホフは iPad がなくては困る。もちろん、どれでもいいから iPad を一つ手に入れることはできるが、ウラジミールだってバカじゃない。彼が検査をするだろうことは、ティホフも承知している。

ロシアマフィアのボスが約束を守る可能性は、ちっぽけだが存在する。iPad と殺し屋の名前を交換する瞬間に。ティホフを片づけるのはあとでもいいわけだ。ティホフはティホフで、早々に逃亡を計画しているかもしれない。しばらく潜伏し、人々の記憶から消えたころを見計らってイゴールの仇を討つつもりなのかもしれない。殺し屋のほうも、こうしたケースではいつもそうであるように、すでにロシアのどこかに潜伏しているのではないだろうか。もしかすると、僕は二度とティホフに会うことはないかもしれない。

アーレスブルク通りを猛スピードで走行しながら、念のためにネットで住所を再度検索する。ヴァンツベクに住むダブルLのエルフリーデ・ヴィルヘルムは二人だ。一人は四十六歳の弁護士、つまりソニアの母。急がなくてはならない。僕が見つけたということは、ティホフにも見つかるだろうから。ただし、彼は母親のファーストネームを知らないので、僕のほうに分があるわけだ。

そもそもソニア・ヴィルヘルムは、何を所有しているか、知っているのだろうか。iPad のことを知っていて、仕返しとか復讐のため、または担保として持参した？　それとも、荷物に入っていることに気づかなかった？　母親が何も知らずに荷物に入れた、ということもありうる。僕がソニアに事情聴取していたとき、母親は荷造りにかかりきりだったではないか。それとも、まったく違う事情があるのか。

やんわりとした批判

エルフリーデ・ヴィルヘルムの住まいは、アールヌーヴォー様式の立派な建物の最上階。近年にリノベーションしたらしく、高価で最新の設備が整っている。玄関ドアの手前に車五台分のかなりゆったりした駐車スペースがあるのは、ハンブルクでは例外的といえる。「5番　ヴァルター・ヴィルヘルム家来客用」と書かれたプレートがついている。エルフリーデの夫ヴァルター・ヴィルヘルムは四年前に肺がんで亡くなったと、こちらから尋ねるまでもなく話してくれた。広い玄関ホールにアールヌーヴォー様式のスリムなたんすがあり、その上に黒いリボンとお悔みカードを添えた写真が、キャンドルと並んで置かれている。挨拶したときにそこに目が留まって釘づけになったので、すぐにヴィルヘルムが病気のことを話してくれた。

「診断されてから他界するまで、たったの四カ月だったわ」

そこへ娘のソニアが現れた。ヒップハンガー・ジーンズにフード付きトップスという装いで、毛の色が白と黒のネコを腕にのせている。

「これじゃミステリー映画だわ。あのボリスって人、ひっきりなしに電話してくるのよ」

開口一番、彼女は告げた。

「で、いつ……」

と僕が言いかけたところで、彼女はまた話し始めた。事件のショックから立ち直ったせいなのか、それとも母の住まいにいるので安心感があるのか。

「最初は思ったの。いったい何てことに巻き込まれたのって……いまもちょっぴりそんなふうに思う……だって、わからないでしょう、相手が何を狙っているか……わかっているのは一部だけで、誰も教えてくれないし……」

「ボリスが電話をかけた正確な時間は……」

彼女は再び僕の言葉を遮った。

「ほんとは仕事に戻るはずだったけれど、病欠にしてもらったの。だって、こんなことがあったんだから。そう思いません？　家にいたほうがいいでしょう。でないとすごく危険かもしれないから。こちらにどうぞ。奥がリビングですから。お飲み物をお持ちしますよ。ママ、コーヒー、まだあるわよね？」

「僕が来たのは……」

「いいえいいえ、私、まだ具合がよくないの。まだ時間がかかりそうだわ。当然よね、あんなことがあったんだから。ほんと、頭から離れないものよね。気持ちを逸らそうと本を読んではいるけど。もちろん出勤してもいいかもしれないけれど、まだ気持ちをしっかり集中させることができなくて。なにしろ一昨日……一昨日の夜のことですもの」

「それで、ボリスから連絡があったそうですが」

僕はほっと息を吐く。やっとのことで言葉を差し挟めた。こうしてテーマに接近する。

「ええ、いえ、そうじゃないの。メッセージだけだから、連絡っていえるかどうか。アプローチしてきたのよね。すまなかったって。何が起こったのか、自分にも説明できない……それから、私の具合がよくなったかどうかって。自分も警察署で事情を話した。それと……」

「それをみんな、携帯メッセージで？」

僕は問いただした。ティホフのメッセージはふつう、多くても六語を超えないし、略語も多い。

「そうよ。それで、あとから電話してきて、しばらく話して……」

「ソニア、ミルク、どこに置いたの？」

ソニアは母の質問には応えず、ネコをそっと床に置いた。ボイラーにも似た衝動的おしゃべりにはそぐわないしぐさだった。それから彼女は、携帯電話を僕に差し出した。

「何十回も送ってきたのよ……異常だわ。ときには続けざまに三通か四通、私、返事を書くひますらなかったんだから……それで今朝、早朝に電話をかけてきたの。ふつうは寝るときスイッチを切るんだけど。電磁波とかあるでしょう。でも、いまは……」

僕はこのとき、気持ちが逸れてしまっていたことに気がついた。ソニア・ヴィルヘルムの言葉のせいだろうか、どこかでスイッチを切っていたらしい。彼女のほうは、水を得た魚のように滔々とまくしたてている。間髪を入れずに言葉が口から出てくる感じだ。事件の翌日に彼女のアパートで会ったときとはまるっきり違う。ショックがいかに大きかったかがうかがえる。彼女がソファに座るまで、ティホフも相当に我慢したはずだ。口をふさいだのも理解できるほどだった。

「それで、彼は電話で何と言ったんですか？」

僕は、再び本題に戻そうと試みた。

「ああ、同じことのくり返しなの。すまなかった、謝りたいって。あの晩はすごく楽しかった、とかなんとか。それで……」

ソニアはここでいったん言葉を切り、すぐに先を続けた。

「……それで、ここにちょっと立ち寄って、直接そう言いたいって……それにプレゼントがあるから。ロシアではそういうことを直接伝えるものだからって。なんか、かわいいこと言うなって思ったわけ。だって、ロシアについていろいろ話したんですもの。彼の発音、聞いて楽しいし。私、ここの住所を教えたわ。でも、母には言わないで。気が変になったって言うに……」

それは大丈夫。母親はリビングでコーヒーの用意をしているから。僕が来ることは伝えてあったので、大きなテーブルにコーヒーカップのセットを三つ出し、三つめのスプーンをフォークの横に並べているところだ。

「ママ、ケーキとかお菓子には時間が早すぎるって言ったのに。この方だって塩味のものがいいに決まってるわ。オープンサンドイッチとか。ね、お腹すいているでしょう？」

ソニアは僕に返事を求めるまなざしを向けた。

「いえ、どうぞおかまいなく……」

「第二の朝食にちょっとしたお菓子が口に合わないってことはないわ。でも、クロワッサンもあるから。ソニア、オーヴンに入っているわよ」

ここでエルフリーデ・ヴィルヘルムは僕に向かい、

「あのロシア人、いったいどういう人なんですか？　危険ってことはないんでしょう？　さあ、どうぞ、お座りになって」

僕は椅子に腰を下ろした。

「証人として警察に来てもらっただけで、ぜんぜん目立たない人ですよ。危険かもしれないと思われるようなところはないですし」

「私もそう言ったじゃない、ママ」

ソニアが再び言葉を差し挟む。

「あの人、ほんとに無害なんだから。あのときは、あんな状況だったから」

僕のカップにコーヒーが注がれ、オーヴンから取り出したばかりの温かいクロワッサンが皿に置かれた。食べるつもりはないが、おいしそうなにおいが立ちのぼる。

iPad のことを尋ねようとした矢先、ドアチャイムが鳴った。

ソニアの口が大きく開く。またしても滔々とまくしたてるのだろう。誰かしら？

いったい誰が来るっていうの？　といった感じで。だが、僕は彼女の多弁が始まったところで押し止め、明白な指示を与えた。

「ドアを開けてください。もし彼だったら、なかに通してください。ただし、僕がここにいることは、黙っていること」

ソニアの母親は、目を大きく見開き、両手を頭の高さまで掲げて僕の前に立っている。やがて、かすかなため息とともに椅子に腰を下ろした。ソニアとティホフの声が聞こえてくる。ここではボリスと名乗る彼の語調は、ふだんはがさつになりがちなのだが、いまは魅力的で穏やかだ。

「ほんとにいいお母さん《マームチュカ》がよく面倒みてくれて、よかった。ロシア人のお母さん《マームチュカ》と同じで」

ティホフが声を低めて何か言うと、ソニアは軽く声をたてて笑った。どうしようもない女たらしめ。甘い言葉がさらにいくつかあったのち、ソニアが言った。

「さあ、なかにどうぞ……すごいわ。ほんとにきれい」

それに続いてソニアが花束を抱えてリビングに入ってきた。上半身がすっぽり花束に隠れているため、花束に二本脚が生えているように見える。エルフリーデ・ヴィルヘルムは両手を合わせて、

「まあ、なんてこと」

「ママにもくださったのよ」

ソニアが言った。

「これはこれは、お母さん《マームチュカ》」

ティホフが現れた。エルフリーデに歩み寄り、ロシア風の心のこもった挨拶として彼女に手を差し伸べたとき、僕の姿がその目に留まった。目の青が凍りつく。またしてもダニエル・クレイグの扮するジェームズ・ボンドの、最も冷淡なときの様相。彼が手に持つ花束が、冷気のせいでしおれないのが不思議なくらいだ。だが、ティホフは自制し、僕のことを無視して母親に話しかけた。

「お詫びしたかったんです。ご心配おかけして申し訳ありませんでした。ソニアさんの面倒をよくみてくださって、ありがとうございます」

なるほど。その気になれば完璧なドイツ語を話せるわけか。ロシア訛りは、魅力を添えるために意識的に使っているのだろう。だが、彼の魅力は僕には通用しない。エルフリーデは気をよくしてほほ笑んでいる。このロシア人、想像とは違うわ。しかも礼儀作法も立派なものじゃない……

僕は立ち上がった。

「シュタルク、捜査機関の者です」

と言い、満面の笑みを浮かべて右手を差し出す。

「ここで偶然にお会いできてよかった」

「こちらこそ」

ティホフは応じたが、視線で人を殺せるものなら、僕の命は風前の灯火といえそうだ。それでもティホフは僕に笑顔を向けた。

「ちょうど供述書を読んだところなので」

僕はさりげない調子で言った。

「あ、はあ」

「どうぞ、お座りください、ボリスさん。いまお皿とカップをお持ちしますから」

ソニアの母親は言い、そそくさとリビングを去った。

「まったくボリス、知ってた？　私が……」

話し始めたソニアを僕が片手で制すると、驚いたことに相手は即座に反応した。

僕はティホフのほうを向き、

「あなたの供述に対して、一つ尋ねたいことがあるので」と言った。

「それはちょうどいい。警察に出頭しなくてすんだわけですね」

そこへソニアの母親が戻ってきた。

「それで犯人はつかまったんですか？」

ティホフのカップにコーヒーを注ぎながら、ソニアの母が僕に訊いた。

僕はそれには応じず、ティホフに話しかけた。

「あなたが不幸な事件の被害者側であることは、その後判明しています。それと、親切心からロシア人旅行者を気軽に泊めてあげたそうですが、現時点では、遺憾ながらこの人物がロシアマフィアと関係していたと思われます」

エルフリーデ・ヴィルヘルムが首に手を当て、「ロシアマフィア！」と叫んだ。

ティホフは悲しそうに頭を振る。

「ええ。そのことは聞いています。いや、ほんとうに……恐ろしいことだ」

彼の芝居のうまさには舌を巻くほどだ。だが、実のところ意外なことではない。彼がV人材ベストテンに含まれる理由がまさにそれなのだから。彼を手放さないために、僕はすべてを賭けるということが、この屈折した瞬間に明らかになる。

「お砂糖は？」

「ブラックで」

エルフリーデ・ヴィルヘルムの問いに答えたティホフの口調は、コーヒーの味よりもさらに希望に満ちていた。

「あの、私……」

ソニアが口を切る。彼女はまだ両手に花束を抱えたままだ。

「それ、水に差さないといけないのでは？」僕は言った。

「あら、そうね。すぐに水に差してくるわ」

ソニアに代わって母親が答えた。

「そのあいだにどうぞ召し上がって」

母と娘は花束を手にリビングを去った。

ティホフの愛想もそこまでだった。僕は、彼の目をまっすぐに見た。

「ここにiPadがあることはわかっている。いい加減に事情を話せ」

ソニア・ヴィルヘルムが戻ってきて、テーブルに置いてあった携帯電話を手に取った。

「写真に撮るわ。水を注いだところを」

ソニアがにこやかに言うと、ティホフと僕は笑顔で応じた。だが、ソニアはそのままティホフの前に立ち、輝くばかりの笑顔を向けている。彼が女性の心にどれほどの影響をおよぼすのか、僕には理解しかねる。母親の言葉によると、ソニアはほんの数日前に危うく窒息させられそうになったというのに、いまは彼をいとしげに見つめている。

「見事なお花だわ……そんなにしてくれなくてよかったのに……それに、母のことまで思ってくれるなんて、かわいいところがあるのね……おかげで母のいらいらも収まると思うわ。昨夜、あまり眠れなかったらしいの……それにしても、すごくたくさん……すごく大きいし……ほんとにきれい。黄色が見事だわ。でも、ものすごく高価だったでしょう。べつによかったのに。私、立派な花束をプレゼントしてもらうようなタイプじゃないもの。ね、一本のヒナギクでも嬉しいのよ」

「ソニア！」

母親の呼び声は、僕にとってさいわいだった。

「話すんだ」

僕は真剣かつ険悪な目つきでティホフに命じた。ティホフもやはり険悪な目つきで僕を見返す。

「iPadをソニアのバスルームに隠した。大きなバスタオルのなか、いちばん下のところだ。ところが、昨日そこを見たらなくなっていた」

「そこを見たら、だと？」

僕は、右の手のひらで額を打った。

「頭がいかれたか」

できることなら大声で怒鳴りつけたかった。これほど立腹した僕を見るのは、ティホフにとって初めてのことだろう。

「せめて手袋をはめただろうな。それとも、侵入跡に君の指紋がいくらでも見つかるのか」

僕は小声で言った。

「俺、プロだぜ」

ティホフは気を悪くしたらしい。たしかに、そんな初心者的行為を彼がすると考えるなんて、どうかしていた。

それでもiPadの隠し場所はわかったから、ひとまずは女性二人にiPadのことを尋ねないことにした。何が起きているのか、彼女らにまったく知られないに越したことはない。ヴィルヘルム母娘に会って事情を尋ねようと思いつく人がほかにいないとも限らないからだ。安全第一。捜査にかかわる人間は最小限に抑えるのが僕らの原則。あるいは、本当の問題を知らせない。

エルフリーデとソニアがそれぞれ花瓶を手にリビングに入ってくると、ティホフと僕は弾けるように椅子から立ち上がり、トイレはどこかと同時に訊いた。ソニアが小声で笑い、僕が無言でティホフの脇を通り抜けると、ソニアの母が廊下を出て右であることを手で示す。それは来客用トイレで、iPadが見つかる可能性がないことは、ざっと見回しただけで明らかだった。バスタオルの類いはどこにもない。僕はトイレの水を流し、水道の栓を開く。

そのあいだにティホフは女性二人とともにキッチンに行き、スパイスがぎっしりと並んだ棚の前で、いかにもグルメらしい説明を長々と垂れている。テーマは、スタンダードなロシア料理、ボルシチだ。そして、背中の後ろで巧みに合図を送ってきた。ここには何もないらしい、と。

「リビングに戻りません？　こんな大人数じゃ、ここは狭すぎるわ」

僕は、ティホフのほうを向く。

「尋問記録によると、リュックサックを押収されたそうですが、その後、返却されましたか？　それと、iPadを紛失されたそうですが、どうなりました？　それともiPhoneだったかな」

ティホフは陰湿な視線を僕に向け、それから、すぐに笑顔がそれを払拭した。

「いや、それが、まだなんです」

僕は、視野の隅っこでソニア・ヴィルヘルムを観察したが、iPadという言葉に対する反応はなかった。かすかな動きすらない。

「あら、アイパッドですって？」

ソニアの母が、はっとしたような声をたてた。

「あなたのじゃなかったの、ソニア？　私も変だと思ったのよ。バスルームにあるなんて。メタルパーツでしょう？　ああいった電子機器に湿気は禁物なのに。けっこう高価なものよね」

「私、iPadなんて持ってないわ」と、ソニア。

「まあ、本当なの」

母親の声が高くなる。

「それじゃ、私、その……」

と言いかけて、ティホフの顔を見た。

「ごめんなさいね。間違えただけ。何しろ急いでいたでしょう。娘を連れ出さなくちゃって思って。それで、そのへんにあるものをみんな荷物に入れたの」

それからソニアに向かい、

「ビーチバックに入ってるわ。サウナ用品といっしょに。あなたの部屋の隅の肘掛け椅子のそばにあるから」

僕は一歩、前に出た。

「すみませんが、取ってきて僕に渡していただけますか」

「もちろんよ。本当に申し訳なくって」

母親はiPadを持って戻ってくると、ティホフに手渡そうとしたので、僕はそれを脇からかすめ取った。

「まずは痕跡確認に回さなければならないので。そのあとでお渡しします」

「痕跡確認ですって？」

ソニアが怪訝そうに尋ねた。おしゃべりばかりしているくせに、相当な注意力だ。

疑問のまなざしをティホフに向ける。

「ボリス、あなたは証人なんでしょう。この一件とは関係ないわよね。なぜあなたのiPadが痕跡確認に必要なの?」

このときは、僕が彼女の口を押さえたいところだった。が、まるで奇跡のように、彼女はテーマから離れた。

「あら、そんなこと、結局どうでもいいわよね。あなたの手に戻ったんだから。なくなったことに気がついてた? だって、あなたの家にあったかもしれないでしょう。あれから、行ってみた? ねえ、私、いまのところ想像もできないわ。自分のベッドでまた寝るなんて。あのときのこと、まだ気味が悪くて。ほんと、恐ろしいことだわ。なぜ、あのアパートを選んだのかしら。よく考えてみると、不動産屋に見せてもらったとき、変な気持ちがしたのに」

彼女のおしゃべりにもプラス面があった。おかげでよく考えたうえで返答ができる。

「これが必要なのは、お隣りの方が供述したからですよ」

僕はティホフに向かって頷く。

「彼のiPadに犠牲者の写真も入っていると」

ティホフは低いうめき声をたて、それは咳ばらいに移行し、やがて咳となった。咳がおさまると、彼は頷いて僕の言葉を肯定した。

「あら、それなら私も知りたいわ」

母親がティホフに言った。

「あの夜、何が起きたのか、順序よく話してほしいわ。あなたの立場から。さあ、座りましょう。立食パーティでもあるまいし」

「では、僕はこれで失礼します」

と言ったとき、ティホフの不運を思い、僕はちょっぴり愉快な気持ちになった。iPadを左腕に抱え、別れの挨拶のために右手を差し出す。ティホフに勝利の笑みを向けたいのをこらえた。

彼はとっさに僕のあとを追って外に出ようとしたが、ソニアに呼び止められた。

「これでちょっとゆっくりできるわね」

ティホフは苦しげに僕の後ろ姿を目で追い、そこへソニア・ヴィルヘルムのさらなるおしゃべりが降り注いだ。

おしゃべり屋——速射型の感情爆発テロリスト

おしゃべり屋は、感情爆発テロリストといえるだろうか？　では「神経にさわるやつ」なのか？　あるいは、せいぜい「神経キラー」のタマゴ程度か？　そうかもしれないが、かならずしもそうとはいえない。おしゃべりタイプに悩まされることをドイツ語では「耳を噛み切られる」「しゃべり殺される」などと表現することを考えれば、わかるのではないだろうか。おしゃべりタイプは、言葉で攻撃する。言葉があまりに多すぎると、殺害と遠からぬ効果を持つこともある。少なくとも気分が損なわれ、その晩、さらには翌日まで尾を引く。なぜなら、相手の言葉の武器をどうすれば阻止できるか、と考えて過ごすことになるからだ。

おしゃべり屋はひっきりなしに話し続ける。強い圧力でも受けているのか、一定量の言葉を吐き出さなければ倒れてつぶれてしまうかのようだ。テーマは問わず、何でもしゃべりまくる。どうでもいいことと重要なことをごちゃまぜに話す。話すことがらについて知っていることもあるが、そんなことなどどうでもいい。彼らのモノローグには、たいてい意味はない。高圧を受けているから、言葉が蒸気のように噴き出すのだ。それは私生活に限らず、職場でもいえる。大きな声で早口に話し、しじゅう脱線する。自分のジョークにいつまでも甲高い声で笑いころげる。

ふつうは話の合間とか息つく暇に話し手と聴き手が交代するのに、おしゃべり屋は相手の話に耳を貸さず、おかまいなしにしゃべり出す。センテンスの途中で息継ぎするテクニックをマスターしている。センテンスの終わりと次のセンテンスの始めのあいだで息を吸えば、相手に口を差し挟むチャンスを与え、相手はそのまま話し続けるかもしれない。だが、それはほんの束の間のことで、おしゃべりタイプはすばやく言葉を取り上げてしまう。彼らは話し中の相手を乱暴に遮ることも意に介さないし、自分は話し休みなどちっとも必要としていない。ただし、相手が休みを取れば、すかさず割って入る。なかなか休みが入らない場合には、平気で相手の言葉に割り込む。

礼儀正しいことではないが、彼らはそのことに気づかない。言葉を放出しないと気がすまないのだ。相手が退屈していても、どうでもいい。ときどき賛同のつぶやきでもしてくれるならば、壁に向かってでも話すことだろう。おしゃべりのせいで、相手は電車や飛行機に乗りそこない、話し合いは延々と続いて訪問は拷問となる。相手も最初のうちは失礼にならないよう留意し、気持ちを集中させて彼らの思考の飛躍を理解しようと努める。だが、しばらくすると、欲求不満にすっかり支配される。反射的に逃げ出したいという気持ちが強まるが、おしゃべりタイプは好んでドアの前に立つので、出ていくことができない。あるいは、ちょっとした質問をするかもしれない。すると、おしゃべり屋にとってエキストラでしかなかった相手は、おしゃべり屋が自分の意見に興味を持っていると感じる。だが、実はそうではない。次の言葉の長距離走へのスターターとして相手を利用したいだけなのだ。彼らは、周囲の人たちをどれほどいらだたせているかということに、少しも気づいていない。楽しくてたまらないのだ。繊細さや配慮のかけらもない。しかも、悪意は少しもないのに。

おしゃべり屋の思うつぼにはまるのは、どんなとき？

○積極的に耳を傾ける——それは義務でもある

積極的に耳を傾けるのは、たがいに尊重しあうつきあいかたの基本。ただし、いつまでも、というわけにはいかない。とくに、〝会話〟が一方的なものになってしまった場合に、それはいえる。おしゃべり屋との会話で積極的に耳を傾け、ときどき相手の話に割り込んだり早めに相手を遮ったりせず、「なるほど、そうだね、ふうん」などと肯定しながら頷けば、あなたの負けだ。

○質問する

質問をするのは、大きな間違い。おしゃべりタイプはますます調子を出す。

○無駄口をたたくのはやめてくれ、と頼む

相手のおしゃべり中毒と対決する。彼らの症状は、〝言葉の下痢〟と呼ばれることもある。それを考えれば、対決するのは間違いであることがはっきりする。

おしゃべり屋を阻止するには

おしゃべり屋の武器は言葉なので、あなたも言葉で対決するといい。ただし、武器に油をさしておこう。よく狙いを定めなければ、おしゃべりタイプを阻止することはできない。勇気を持って割り込み、相手を遮ること。これを失礼だと受け取らず、実際には心地よいはずの交際を救うチャンスと考えること。あなたの受け入れ姿勢が危険閾より下になったと判明したら、対処するべきだ。あなたの生命力を維持するために、また、あなたが関心を持っているという誤った印象を与えないために。

次のような修辞法のヒントを使って、苦境からあなた自身を救うことができる。

○相手の言うことを肯定するコメントは避ける

礼儀正しく、また忍耐強く耳を傾け始めると、おしゃべりタイプは肯定してくれていると感じて、あなたの気が変になるまでしゃべりまくるだろう。相手を支持する以下のようなコメントを、できるだけ避けること。

「ふうん…うん……ほらね……え、ほんと?」

「よくわかるよ、うん。それってほんとに頭にくるよな」

○時間を限定する

出会いの始めに、あまり時間がないと断る。もう十分だと感じたら、もう時間だからと言って別れを告げる。相手があなたを聞き役からはずすまで待つ必要はない。そういうことは起こらないからだ。

「じゃあ、また」

と言って、相手の言葉領域を去る。

「中断させて悪いけど、五時までに報告書を仕上げなくちゃならないんだ。時間が迫ってるから」

「ピット、私、サブリナと約束があるから、そろそろ行かなくちゃ」

または、理由は告げずに、「もう行く時間だから」だけでもいい。

○レコードの針飛びを使う

飛行機や電車で隣り合わせた人が延々とおしゃべりをするので、うんざりさせられることもあるかもしれない。その場合には、

「ずいぶんいろんな体験をしたんですね。僕はちょっと本を読みたいんで」

と言えばいい。一度で目的を達するのは無理かもしれない。そこでレコードの針飛びの要領で同じ台詞をくり返せばいい。この二つのセンテンスだけで十分。そのうち功を奏するだろう。運がよければ、目的地に到着する前に。

○回避戦術を試みる

職業上のつきあいでは、回避戦術は奇跡ともいえる効果をもたらす。相手がおしゃべりを始めたら、早めに遮って、すべてを文書に、なるべく詳細に書き留めるよう頼む。

「おっしゃることはわかります。なるべく精確に記述してもらえますか。そうしたら、すぐに関係者に回しますから」

こう言われると、おしゃべりタイプの大部分は興をそがれるため、今後は煩わされなくなるだろう。

○レッドカードを提示し、去る

これらの方法で効果が得られない場合は、立ち去ること。悪名高いおしゃべりタイプは、そのことに気づきもしないかもしれない。その場合、しばらく一人でしゃべり続けるだろう。不意に去られても、このタイプはふつう悪く受け取らない。男性でも女性でもそうだが、このタイプは根に持たないからだ。

サポート――出口戦略

次の応急処置へのヒントで、おしゃべり屋を黙らせよう。

○長時間の接触は可能な限り避ける。
○相手を肯定したり支持したりするコメントをしない。
○時間を限定し、「もう行かなくては」と伝える。
○職業上のつきあいでは、回避戦術を使うとうまくいく。
「最も重要なポイントを簡単にメモしてメールで送ってもらえますか」

『情報員マニュアル』より――相手の価値を尊重する

問題のある相手であっても、高く評価して称賛の言葉をかけるべきだということを、情報員

は常に意識している。問題があるからこそ、称賛して高く評価するよう、とくに注意を払う。相手が感情爆発テロリストであれば、そうすることによって阻止できる。価値を認めることにより、成功するコミュニケーションに通じるドアがかならず開く。

自分の性格タイプやコミュニケーション・スタイル、あるいは物事の取り組みかたならうまくいく、と誰もが無意識に受け止めている。これは最大の心理的落とし穴であり、多くのもめごとの元でもある。なぜなら、世の中は自分を中心に回っていると考える人は、周囲の人たちにほとんど敬意を示さないからだ。ほかの人たちを冷笑する、見すごす、無視する、本気に受け止めない、という傾向を持つ。また、自分の物の見方だけが正しいと考えている人は、ほかの人にとっては、感情爆発テロリストあるいは「神経キラー」となりやすい。なぜなら、ほかの人たちが間違っていると考えることに決めたから。そして、自分が正しいことをみんなが理解しないのはなぜか、と不思議に思う。

そのため情報員は、相手の価値を評価して対等に接するよう、常に心がけている。相手が無害な「神経にさわるやつ」であってもだ。「神経キラー」については、ストップをかける。そのような行動は許容できない。けれども、このように干渉する場合でも、情報員は公平さと敬意を持って行動する。それがすぐれた交際、ひいては最大限の成功に通じる条件なのだ。

クリーンな解決

車に乗ると、まずはシートに背をもたせて深呼吸した。僕がiPadを腕に抱えたときのティホフの表情は、長いこと記憶に残るだろう。ソニア・ヴィルヘルムのおしゃべりを我慢するのはいいことだ。僕は上司に電話をかけた。

「課長、Uターンしてベルリンに戻っていただいていいですよ」

リラックスした声で言うと、上司は苦しげに笑った。

「そうできればいいんだが」

「iPadが手に入ったんで」

「まさか！」

ほかのことなら何が起きても驚かないが、これればかりは予想しなかったのだろう。

「ほんとです」

「どうやって再び手に入れたんだね？」

「つまりですね、ティホフが結局は協力してくれたんです。少し時間が必要だったようで。そういうやつなんで」

サイドガラスを下ろす。ずんぐりしたパグが、ずんぐりした女性といっしょに道路を横切る。どちらがどちらをリードで引いているのか、はっきりしない。

「Uターンはしない。次のティホフとの面談には付き添うつもりだ。それに、品物を直接受け取りたい。渋滞も十分前に解消した。いま、どこだ？」

「車のなかで、報告書を書き始めたところです。今度のはかなり包括的になりそうですね」

「わかった。三十分後にティホフのホテルで。まずはわれわれ二人で話し合い、それからティホフを加える」

「彼がホテルの部屋にじっと座って、課長と僕、さらにはペーターが到着するのを待っているとお考えでしたら、彼のことをぜんぜんわかってませんね。それだとiPadも手に入らなかったわけだし」

「君たちとは、一袋のノミを相手にしているようだ」

上司は嘆息した。さっきより緊張は解けている。ジョークを言う気分に戻ったのは、いいしるしだ。が、また深刻になり、淡々と報告した。

「ウラジミールも、iPadを再び手に入れた」

「まさか！」

今度は僕の声が高まった。

「本当だ」と課長が応じる。

ヨハネスのV人材が最初の重要なミッションを果たしたのだろうか？　どのように進展したのか、すごく気になるところだ。いずれにせよ、僕のV人材はまだ危険から脱しておらず、今夜八時に、もっとバカなことをしでかすつもりでいる。ウラジミールに圧力をかける材料がなくなったことを、彼はおそらく知らないだろう。ウラジミールの取り巻きの仲間から聞いたなら別だが、あまりありそうにない。このサークルに親切な仲間はいない。それに、ウラジミールが電話をかけて、iPadが見つかったと知らせることもまずあるまい。だが、ティホフはまだヴィルヘルム家にいる。僕は玄関ドアを見守る。少なくともあと十五分は入口を見張り、僕が去った後は監視チームの同僚二人が引き継ぐ。それからチームの残りのメンバーが到着するはずだった。だが、ティホフが彼らの裏をかかないとは限らない。それは前にもあったことだ。

課長はホテルのロビーを大股で進み、数メートル手前で僕に片手を差し出した。が、挨拶のためではない。

「まずは品物を手渡してくれ」

僕は背後に手を回し、肘掛け椅子からiPadを取り出すと、立ち上がって課長に渡した。課長は、イヤホンジャックの小さな損傷をすばやく確認した。

「まずは、おはようございます」

課長に会えて、本当に嬉しかった。過去七十二時間はティホフとこの一件に追われて、行動するというよりも、反応せざるをえなかった。課長は実にいい上司で、物事が順調に進まなくても、常に僕を支援してくれる。

課長の顔に満足そうな笑みが浮かぶ。

「こいつがわれわれの手元にあるのは、幸運というべきだろうな。情報局本部でどんなことになっていたか、君には想像もつくまい。あらゆることを疑問視した派閥があったのだ。あのようなやりかたは、これまで一度もなかった。君はV人材とぐるになっている、と非難したのだ」

「ペーターか」

僕がつぶやくと、課長は頷いた。

「言い出したのは彼だが、それが四方八方に広がった。あらゆる課に、部長に、上は次長まで。次長は、君の二十四時間監視に同意したのだ。監視チームからさっき連絡があって、明白な指示に反して君とティホフがヴァンツベクで会ったと聞いたとき」

課長はふうと息を吐いた。

「君の首はもうないと思ったよ」

「それで監視チームの到着が早かったわけか」

僕は思ったことをそのまま口にした。

「不思議に思っていたんですよ」

そのとき、僕はいま耳にした言葉を理解した。

「ちょっと待ってください。情報局本部では、全員、気が変になったんですか？　僕はV人材の命を守るために動いているのに、僕を支援せず、僕に敵対し調査するためにチームを送り出すとは」

課長は心から悔いている様子だった。

「ある会話のなかで君がティホフに、ひとまずはiPadを渡すな、と指示するのを自分の耳で聞いた、とペーターが主張したのだ。そうでなかったとすると、当然のことながら彼は責任を取ることになるだろうな」

「そうだったかもしれないと思ってるんですか？」

「いや、そうではないが」

「課長とは、八年前からいっしょに仕事をしてますよね。僕のやりかた、わかってくれていると思ってました。それなのに、全員が乗せられていっしょに動くなんて。僕らがティホフと何をしているか、一瞬でも考えてくれた人はいないんですか。あいつ、情報局のために動いているんですよ。ところが、友人が射殺された。ティホフは僕らのためにリスクを冒して、秘密がばれた。彼が死なずにすんだのは、多少なりとも偶然のおかげなんですよ。それなのに、彼をどこかの大陸に高飛びさせる以外の解決法を探そうともしないなんて」

「私の考えは最初から違っていた。だがな、レオ、君も知ってのとおり……」

「ええ、わかってます。クイーンはジャックより強し。それで、ヨハネスのV人材、どんなふうに事を進めたんですか？」

「ヨハネスのV人材がしたことではない」

「なるほど。でも、ウラジミールはiPadを手にしたんですね？」

「情報源ノヴァクは、コンピュータの故障をでっち上げて、実際にウラジミールの執務室に入った。新しいキーボード四個のほか、小さなパーツをいくつか持参して、ソファに広げるつもりだった。ところが、ソファに先客がいたので、それは不可能だった。ウラジミールの女が二人座っていて、追い払うことができなかった」

「なるほど。それで？」

課長はにやりとした。

「ノヴァクが部屋を出ると、清掃員がやって来た。ノヴァクが手に入れた写真を見たんだが、清掃員が掃除機をかけ始めると、女性二人は部屋を出た。そこで清掃員が巨大なクッションを持ち上げた。君はあれ、見たか？　見事な眺めだったよ。まあいい、写真を見ればわかる。ノヴァクが個々の写真を編集してビデオにしたんだが、iPadが勢いよく空中を飛んで、床にはげしくぶつかった。これ以上のシナリオは考えられんよ。ウラジミールは、それをじかに見たのだ。iPadのスイッチを入れると、すぐに故障してもはや始動しない。清掃員が投げ飛ばしたせいだと考えて、怒鳴りつけて追い出した。かわいそうに」

「そんなよくできた話、誰かに話しても信じてくれそうにないですね」

驚いたことがあったものだ。

「不幸中のさいわいだな。で、これからどうする?」

課長はどうやらあまり時間がないらしく、携帯電話を手に取った。すると、三分後に監視チームの若い同僚がやって来て、課長からiPadを受け取り、すぐに立ち去った。危険なデータが詰まったタブレットを一刻も速くベルリンに運び、安全に保管するという任務がある。情報局では、コンピュータ専門家たちがもう手ぐすね引いて待っているのだ。

率直に話す

課長と僕は、ヴィルヘルムの家に向かった。ティホフが家から出てきたところをつかまえるためだ。現場にいる監視チームから、ターゲットの人物は対象物をまだ離れていない、と無線連絡が入っていた。ポジションAにいる同僚が、状況はたったいま変わったと告げたとき、ティホフの姿が目に入った。僕は電話をかける。

「左だ。後ろ百五十メートルくらい、白のアウディ」

ティホフが僕らのいる方向を見たとき、ヘッドライトで短く合図を送る。

「僕は一人ではない。上司がいっしょだ」

と言い、僕は電話を切った。ティホフは、カウボーイを思わせる大股の足取りで車に近寄り、後部座席のドアを開けると、黙って乗り込んだ。課長がにこやかに頷くと、ティホフは頷いてそれに応じた。それから僕に向かい、「くそったれめ」と毒づいた。

課長はにんまりした。

「俺の耳、もうなくなったぜ。耳が血を流しやがった。ったく」

課長の笑みがさらに広がる。僕のV人材の派手な、というか血なまぐさい言語に、まだあまりなじんでいないのだ。ティホフは腕を組んでレザーシートに身を沈めた。

「あれは君の知り合いだろう。僕のじゃない」

「あなたのおかげでここ数日、休む間もなかったですよ、Iさん」

課長が会話を受け継ぐ。

ティホフは黙って窓外を見ている。顎の筋肉が激しく働いているのが見て取れた。

「あなたが意識しているかどうか、われわれにもわからないんだが、あなたはいまも大きな危険のなかにいる。過去数日、大変な日々だったけれども、これからの数日間にそれがさらに悪化しないようにするのが、レオの仕事だ。ことあなたに関して、ウラジミールは少しもユーモアを解さない」

沈黙が続く。無言の情報員二人とV人材一人。沈黙を効果的に使うことにかけて、上司は達人で、沈黙の持つ力を高く買っている。

「私が今日ここにいるのは、われわれにとってあなたがいかに重要な人物であるかということを表明するためだ。あなたの安全を確保するために、われわれはどんなことでもする。そのことを確信してもらって大丈夫だ。だが、そのためにはあなたの協力が要る。そこで、あなたがこれから下す決定は、われわれの持つすべての情報をよりどころとするものであってほしいのだ」

ティホフは疑問のまなざしを僕に向けた。

「上司がいま説明する。ちょっとした変化があったから」

僕は通訳した。

「わかった」

ティホフの声はかすれ気味だ。

「交換するときにあなたの手から滑り落ちたiPadを、ウラジミールは手に入れた」

課長はノートパソコンを開いて肩の高さに掲げ、ウラジミールの執務室にいる清掃員のビデオを再生した。

「オリジナルのiPadはわれわれの手元にある」

ティホフは怒った目つきで僕を見たが、課長はそれに気づかず、先を続けた。

「iPadのことでウラジミールを脅して殺人者の名前を聞き出すというのは……」

ここで間を置く。

「……それは、言うならば、大胆なことなのではないだろうか。ウラジミールがあなたに対して残酷きわまりない手を使うことは、心すべきだろう。これまで彼は長くためらったことは一度もない。常に即座に、迅速に手を打った。脅迫を受けて、そのまま何もしないということは、ぜったいにありえない」

ティホフは唾を呑み込んだ。僕らの視線が、バックミラーのなかで瞬間的に出会う。

「そこでわれわれの提案だが、慌てて行動したりとっさに引き金を引いたりせず、いっしょに計画を立てる。ここ数日、いくつもの出来事が相次いだ。まずはここで落ち着いてもらわなくては。目下のところ、ウラジミールはあなたの倉庫にパレット千五百個を保管し、数日中に追加分が届くことになっている。それを機に彼と会話ができるのではないだろうか」

「イゴールを殺した者が誰だったかということは、おいおい突き止めればいい」

と、僕は言い添えた。というのも、これがティホフのいちばんの関心事だからだ。

「どう思う？」

課長はティホフに顔を向けた。

「いろんなことがあった、いろんなことが」

ティホフはロシア語でつぶやき、

「その話は明日にしてくれ。いいか？　降ろせ、レオ」とドイツ語で言った。

僕は、近くの地下鉄駅に車を停め、後ろを向いてティホフを見た。

「僕の願いを聞いてくれ。ひと晩ゆっくり考えるんだ。明日、また話そう。午後八時のことは考えるな。ウラジミールのところに行かないでくれ」

ティホフは僕の目をしばらくじっと見つめた。けれども、そこから答えを読むことができなかったので、僕は唯一のカードに賭けることにした。

「僕はこれからも君と協力し合いたい」

ティホフはロシア語の挨拶を小声で口にすると、車から降りた。

「これからどうするんだね、彼？」

と課長が訊いた。

「わかりません。理性を保ってくれるようにと祈ってますが」

それは確信ではなく、むしろ希望だった。

あなたの抵抗力を強化するための〈００７計画〉

その行動と折り合えない相手、そしておそらく好きになることもない相手がいなくなることはない。それは、人間社会につきものであり、変えることはできない。それでも、僕らはフェアで善良な同僚や上司、知人や友人や家族でいられるのだ。〈００７の公式〉を使えば、感情爆発テロリストや「神経キラー」、その他の「精神かく乱者」とうまくやっていけるだろう。

〈００１〉ネガティブな感情を受容し、吐き出す

誰かにひどくいらいらさせられたら、吐き出すこと。ネガティブな感情を解放すればいい。ただし、あなたと、あなたが感情をぶつける対象のほかは誰もいないところで、というのが唯一の条件。あなたと、あなたが叫ぶ森。あなたと、あなたが感情を吐き出すバケツ。あなたとサンドバッグ、またはダーツボード。そこには写真が貼ってあり、ダーツを投げて貫通させる

のだ。ポリティカル・コレクトネス（政治的公正さ）を捨て去り、知る限り最もどぎつい表現を使おう。

「いまいましいばかやろう。もしも……」

壁に向かって大声で叫ぶのもいい。一時的な感情の爆発は、埃っぽい空気に雷雨が降るのと同じ効果がある。あなたの内部を洗浄してくれるので、精神衛生を向上させ、次のステップに必要な準備を整えさせてくれる。激怒や恨みや立腹を外に出してしまわないと、前進するための落ち着きと平静が得られない。

〈002〉よいところを探す

不親切な面しか持たない人はいない。ぜったいにいないのだ。人をいらだたせるという面だけしか持たない人はいない。たとえ最悪な「神経にさわるやつ」ですら、例外ではない。誰がポジティブな側面を持つ。ただし、それを発見しなければならない。ちょっとした回り道をすると、「神経キラー」のなかによい部分を見つけやすくなる。まず、あなたが大好きな人たちを思い、彼らがどんな弱みを持っているか、考えてみるといい。好きな人たちについては、肯定する気持ちが基本的にあなたのなかにあるから、弱みを比較的寛大に受け止められる、ということに気づくのではないだろうか。ということは、「神経にさわるやつ」のなかにもよい部分を見つけることは可能なわけだ。

職業上のつきあいでは、まず〝お気に入り〟の同僚や上司について考える。カムフラージュの巧みさから、彼らを相当の能力の持ち主と呼ぶこともできる。次に、感情爆発テロリストたちの長所について考えてみよう。こうすることで、あなたの判断はバランスと客観性を帯び、中立化される。

〈003〉いつも冷静かつ親切な態度でいる

あなたが拒否的な態度を人前で自由に放出すれば、癒える見込みのほとんどない傷しか生じない。それは、感情爆発テロリストや「神経キラー」、その他の「精神かく乱者」の場合も、程度の差こそあれ同じだ。そのため、プロ級のポーカーフェイスはいつだって使えるし、使うことは許される。それを成功させるためには、バケツのなかに吐き出すことが重要となる（001参照）。森のなかで叫ぶ、サンドバッグを殴りつける、ダーツを写真に命中させる、といったことでもいい。恨みや激怒や立腹から解放された場合に限り、フェアかつ平静でいられるのだ。満腹状態で五回転ループをする人はいないのだから。

〈004〉アプローチする――近ければ近いほど効果的！

奇妙に聞こえるかもしれないが、好きになれない「神経にさわるやつ」をできるだけあなたのそばまで引き寄せることによって、共通点が見つかる場合が多い。とくに職場で、密接に共同作業をおこなうプロジェクトなどに、この方法は適している。あなたの同僚または社員は、自分の考えをあなたに伝えて接点を見つける機会になるからだ。それは、逆にあなたについてもいえる。アプローチがうまくいけば、もっと自信を持って状況に対処できるようになる。あなたが獲得するものは大きい。べつに一緒に暮らす必要はないのだから。

〈005〉ほかの人の視点で状況を見る

簡単そうに聞こえるけれども、実は最も難しい訓練だ。でも、観点を変えることによって、相手の動機を知ることができる。動機を見抜けば、どうしてそうするのかという理由がわかるので、相手の行動は別の意味を持つ。相手の行為の背景にあるものが見えれば、あなたの判断は変わる。そうなると、世の中のどんな感情爆発テロリストを相手にしても、取り乱すことはなくなる。相手の行動ではなく、その背後にあるものに心を集中させること。ほかの人の観点を苦労せずに取り入れることができれば、周囲の人たちの行動の特性を個人的なものとして受け止めることはなくなる。そして、橋を架けるべきか、それとも壊すべきか、決定することが可能になる。

〈006〉ポジティブな意図を認識する

感情爆発テロリストの行動の背後には、かならずポジティブな意図がある。人はみな、自分の持つ選択肢のなかで最良のものを選ぶ。ネガティブな行動をやめるとすれば、それよりもよいものが見つかったときだ。ある「精神かく乱者」があなたをものすごくいらいらさせるのは、その瞬間にもっと有益な策がその人には見つからないからだ。だから、その行動の裏にあるポジティブな意図を見抜こうとすればいい。人の行為にはかならず達成すべき目標がある。それを意識しているか、していないかは問わず。その目標がわかれば、隠れている動機もはっきりする。僕らを絶望的な気持ちにさせたり激怒させたりする感情爆発テロリスト、「神経キラー」や「神経にさわるやつ」の心のなかでは、愛情や心遣いがほしい、価値を認めてほしい、という満たされない望みを〝叫んで〟いるケースが多い。

相手は悪意からそうしているのではなく、ポジティブな意図がその根底にあるということを深く理解できれば、それほど腹を立てずにすむのではないだろうか。知ったかぶり屋、不平家、心配性の人、高慢な人についても同じことがいえるだろう。

〈００７〉相手を青色に塗る

僕が心底気に入っている方法を紹介しよう。「神経にさわるやつ」が「神経キラー」になる前に、精神的な攻撃をしかける。心のなかで、相手を青色に塗ってしまうのだ。頭のてっぺんから足の先まで、幅広の筆をゆっくりと移動させて、ロイヤルブルーの濃い絵の具で塗る。それがひととおりすむと、すべてがいくぶん元のとおり整然とする。この方法のからくりは、独創的なほどにシンプル。僕がこれを使うときには、同時にある決心をする。塗り終わるとともに僕の気分は好転する、と。頭がおかしいんじゃないか、と思うかもしれないが、驚くほどうまくいく。ほかのどんな色を使ってもいい。試してみることだ。

コード化された情報員のエピローグ——部長はＢ３号俸へ

iPadは、僕らの予想にたがわず大当たりだった。収められていたデータ・セットは十二万六千個。八カ月以上かけてそれらを評価すると、ウラジミール・Ｌの企業および売上税詐欺メリーゴーランドは透明化した。情報局は、検察庁の初期の嫌疑を証明することができたのだ。文書のほかにも、重要な証拠がどこで手に入るか、それらをどのように関連づけるべきか、といったことを、情報局から警察に示した。ウラジミール・Ｌほか七名について、損害額二億一千四百万ユーロの犯罪が証明された。実際の損害額は、おそらくその数倍と推測される。ウラジミール・Ｌは、九年の禁固刑の判決を受けた。捜査成功の出発点が彼のiPadであったことが情報局の壁の外に漏れることはなかった。ウラジミール・Ｌ本人ですら、それに思い至ることはなかった。だいたい思い至る理由もあるまい。

部長は、大成功のおかげで一〇カ月後にＢ３号俸入りが決まった。それが内務省への移動および昇進と連結していることに気がつくと、彼の顔の表情はほんのしばらく凍りついた。ホーム内のたくさんの人たちは、将来への明るい展望に気をよくしている。情報局員のあいだでは、国外任務についての気の利いた言い回しがある。「外国では大公、国内ではダイコン」。内務省に移る部長も、こんな感じかもしれない

ペーター・Sは、そのやり口で切り抜けた。のちにおこなわれた審査手続きにより彼のイメージにやや傷がついたものの、情報局内の指針や法規定に違反したことは証明されなかった。倫理上の抵触については、彼は当時持ち合わせた情報基準と状況の深刻さにより正当化した。また、特殊捜査員としての立場から、僕の最初の二つの報告について不鮮明であると非難し、省略することで職務上の義務に反する行動を取った、とコメントした。キーワードは〝企業グループにおける出張経費精算〟だ。訴訟手続きはおこなわれず、ペーター・Sと僕と、それぞれのV人材については、元のままとされた。

ティホフは僕の勧めには従わなかった。ウラジミールとの午後八時の約束には行かなかったが、二十二時四十五分にホテルを出てウラジミールのなじみのクラブ〝ベルク〟がある方向に向かった、と監視チームから連絡を受けた。彼はそこでウラジミールとウォッカを何杯か飲み、男同士、腹を割って話した。ティホフは殺し屋の名前と謝罪を要求したが、ウラジミールは名前を告げず、謝罪もしなかった。だが、その男

はまっとうな人間で信頼しており、今後もともに仕事をするつもりだとティホフに請け合った。それから、三人の手先に命じてティホフをさんざんに殴らせた。それがすむと、床に横たわるティホフの前にかがみ、別れの挨拶がわりにその頬に軽く触れ、左頬におまけの一発を見舞った。翌日、パレットがティホフの倉庫に搬入され、二人の男は何事もなかったかのように、その後も仕事を続けた。マフィアのメンバー同士の忠誠とはそのようなものなのだ。

著者略歴

レオ・マルティン

1976年生まれ。法律行政専門大学で犯罪学を学んだのち、1998年から2008年までドイツ情報局に勤務し、犯罪組織の解明に従事する。最短時間で見ず知らずの人の心に入り込み、信頼関係を構築する独自の技術は最高レベルと評される。現在、有名コンサルティング会社に勤務し、人格形成と成功、コミュニケーション、人を楽しませるコツとユーモアをテーマに講演やセミナーで活躍。著書に『元ドイツ情報局員が明かす 心に入り込む技術』『同　心を見透かす技術』（いずれもＣＣＣメディアハウス刊）がある。ミュンヘン在住。

訳者略歴

シドラ房子（しどら・ふさこ）

新潟県生まれ。武蔵野音楽大学卒業。翻訳家。主な訳書に、『空の軌跡』（小学館）、『愛する家族がガンになったら』（講談社）、『名もなきアフリカの地で』（愛育社）、『病気が教えてくれる、病気の治し方』『運命には法則がある、幸福にはルールがある』『ヌードルの文化史』（以上、柏書房）、『縮みゆく記憶』『絵画鑑定家』（以上、武田ランダムハウスジャパン）、『その一言が歴史を変えた』『オーケストラ・モデル』（以上、ＣＣＣメディアハウス）などがある。

装丁　萩原弦一郎＋藤塚尚子（ISSHIKI）

元《もと》ドイツ情報局員《じょうほうきょくいん》が明《あ》かす
不愉快《ふゆかい》な相手《あいて》を手《て》なずける技術《ぎじゅつ》

2016年11月7日　　初版発行

著者　　レオ・マルティン
訳者　　シドラ房子
発行者　　小林圭太
発行所　　株式会社ＣＣＣメディアハウス
〒153-8541　東京都目黒区目黒1丁目24番12号
電話　03-5436-5721（販売）
03-5436-5735（編集）
http://books.cccmh.co.jp

印刷・製本　　大日本印刷株式会社

　ISBN978-4-484-16114-3